天下文化

BELIEVE IN READING

誰說
民主不亡國

張作錦 著

目錄

第二部 政客收買選票，百姓零售國家

第三部 台灣只能是「短暫的富裕」？

第四部 自由而無秩序，終將失去自由

第五部 獅，醒了；龍，怎樣了？

推薦序

等待接力長跑的下一棒——一個專欄停刊之後懷想台灣

許倬雲

十月二十三日《聯合報》刊出了「感時篇」的最後一篇文章，作者張作錦先生向讀者報告，連載二十七年以後，「感時篇」暫時停止了。驟然讀到這個消息，不免惆悵。二十七年來，我是「感時篇」的忠實讀者，一方面因為作者的文字吸引讀者，另一方面，也是因為這一系列時論的內容，確實切中時艱，不能不引起讀者的共鳴。

近代中國報業史上，有兩大巨人，一位是梁任公，另一位是張季鸞。前者在民國初年的一些時論，傳誦一時，當時中國正在國運明夷之際，看上去一切草創，而另一方面，正在往前邁向現代。因此，他的文章激昂慷慨，發揚蹈厲，筆尖流露感情。後者則是國家建設剛剛開始，可是又面臨日本侵華。在微妙的時刻，許多事情要顧到內外周全，實在不容易。因此，他的文章，哀婉溫厲，的確符合《詩經》溫柔敦厚的原則。他批評時事，就由於他恨鐵不成鋼，寓指責於期待，具體提出應當開展的大方面。

張作錦先生的文章，介乎兩者之間，又更接近張季鸞先生的作風。我以為，梁任公身處的時代，是「成」、「住」之間，需要鼓勵。張季鸞的時代，在「住」的階段還剛開始，猶待充實，需要警惕。「感時篇」延續二十七年，則是從台灣的建設逐漸停滯，一直到今天，竟已走向「壞」的階段。這個時候，有眼光的人，關懷台灣，不能不「憂以思」，既要提醒世人，又躲不開自己的憂慮。「感時篇」之動人，正是因為我們身處其間，而又無可奈何。

這二十七年，確實是台灣轉變的關鍵時期。從兩岸分開，台灣由艱困，到站起來，經過了土地改革，發展工業，內部建設，以至於經濟起飛，然後引向政治的開放。這一長串的歷史，將台灣帶到經濟和政治發展的巔峰。「感時篇」開始時，卻是從巔峰下墜的階段，一直到今天，竟然疲軟不振。二十七年內，後面的二十三、四年之久，正值台灣逐漸喪失活力的時期。「感時篇」作者和我這一代，身經由盛而衰的世變，怎能不多所感慨？

最近四分之一的世紀，台灣最大的問題，乃是從發展轉變為內耗。尤其政治權力的內鬥，似乎將台灣開拓史上，「分類械鬥」的基因，完全呈現於現實政治。一個國家需要有政府，政府的功能是管理公眾事務，為國家求安定，為國民謀福祉。民主政治是集合全國的智慧，為最大多數國民，執行最好的政策。民主政治的理想，乃是從這許多不同角度的考慮，取得協議，制定政策；然後，再經過民意，監督政府，妥善執行大家同意的施政方向。如果，民主政治只是權力集團的走馬燈，由選票決定誰上、誰下，那只是民主制度的表象，並不能符合民主政治的真諦：經過和平的辯論，經過理性的考慮，制定最佳的國策。不幸，台灣的政治發展，卻是選擇了表象的民主，從來沒理解到，誤用民主，會在互相掣肘之中，一切內耗，蹉跎了光陰，也浪費了人才，使任何政策不能貫徹。

台灣國小，只有善用人的資源，發揮最大的智力和工作積極性，一個小國才能以小搏大，對內使國民安居樂業，對外獲得世人的尊敬。要做到這一點，既不能浪費時間，也不能浪費資源，更不能自滿於目前的小小成就。這二十多年來，基本建設沒有增加，也沒有適當的維持。工業生產只以代工為主要方式。教育制度，在「築室道謀」的教改後，舉棋不定，終於形成頭重腳輕的混亂現象，既不能培育人才，還浪費了教育資源。地產與證券交易的投機，則造成許多巨富，而經濟卻是不斷地泡沫化。

更可悲者，社會上安於「小確幸」的沾沾自喜，而沒有開展的動能和活力。於是，在混亂之中，大家視若無睹；於是，「感時篇」成為罕見的時論，也未必是大多數人注意的時論！言念及此，能不惆悵？其實，何止於惆悵而已？乃是欲哭無淚！我輩老矣，無能為力。矚望時賢，等待有人出來，多寫一些當得了「曠野呼聲」的文章，做警世之木鐸，因為台灣需要你，時代也需要你！

（作者為中央研究院院士）

推薦序

「好人」有「好報」——張作錦對時局的五大觀察

高希均

（一）「好人有好報」新解

大多數人相信：好人有好報；如果「好報」尚未出現，那麼「時間還沒到」。

這篇評述張作錦先生兩本新著的標題：「好人有好報」另有新解：

（1）「好」的「人」才能辨出「好」的「報紙」。

（2）好人辦報會有「好報」：辦出好的「報紙」，也會得到好的「報應」。

（3）惡人辦報有「惡報」：辦出惡的「報紙」，也會得到惡的「報應」。

一九七〇年代我常利用暑假回台參與李國鼎先生主持的經濟發展研究，偶有機會投稿《聯合報》，認識了當時的張作錦總編輯，立刻變成了理念接近的朋友，展開了我們四十多年的莫逆之交。

作錦兄在一九六四年政大新聞系畢業後，即投身《聯合報》，從高雄特派記者起步，四十三歲即升為總編輯（一九七五～八一），然後赴美進修，並調任《世界日報》紐約總社總編輯（一九八一～九〇），九〇年再回到台北，先後擔任《聯合晚報》、《香港聯合報》、《聯合報》社長等職。在《聯合報》系全盛時期擁有五千多位同事，作錦兄是極少數能擔任這麼多重要職位的人。

創辦人王惕吾先生愛才惜才，作錦兄以全方位的聰敏才智，熱情奉獻。對一份報紙，最大的貢獻是要來自新聞內容及編採；這正是作錦兄的最大強項：找新聞、編報紙、寫評論以及發掘及培植優秀記者是一生最愛，也是他一生最大的貢獻。

不僅他有敏銳的新聞感，更有深厚的文史底蘊及廣闊世界觀。他日以繼夜的投入，參與打造了《聯合報》系輝煌的歷史，成為全球頂尖的華人報業。《聯合報》系是他一生唯一獻身的工作機構。

（二）提出五項大觀察

作錦兄在聯副「感時篇」專欄寫了二十七年（一九八七～二〇一四），海內外矚目。他做為天下文化的創辦人之一，自然要由我們出版這兩本選集。一本為《誰說民主不亡國》（共九十六篇，預計今年五月底出版）；另一本《江山勿留後人愁》（共一〇〇篇，預計今年九月出版）。在過去二十多年，我們曾出版他九本著作，從一九八八年的《牛肉在哪裡》，到二〇一二年的《誰與斯人慷慨同》。

這兩本新書所跨越的二十七年，正是兩岸經濟起飛與民主發展的關鍵歲月。台灣這邊，民主浪潮席捲一切，兩岸關係從李陳的「兩國論」到馬英九的「不統、不獨、不武」；大陸那邊，在改革開放與全球化推波助瀾之下，快速成長，已在全球經濟棋盤上舉足輕重；美國則在外交受挫內政受阻下陷入「相對衰退」（relative decline）。

兩本書中彙集的兩百篇文章，是以台灣政治、社會、文化、歷史等主題為評論焦點；以兩岸關係，大陸崛起，美國政情等做為背景比較。現就第一本書稍做評述。它分成五部，每部所定的標題，正反映出作者思維的大脈絡，可稱之為「對兩岸時局的五項大觀察」：

第一項觀察：台灣，成於民主，敗於民主？

其中〈請外省政治人物全數退出政壇〉，〈請王金平離開立法院〉都是充滿道德勇氣，傳誦一時的評論。

第二項觀察：政客收買選票，百姓零售國家

評論指出：台灣應當要有「執不執政的黨，都必須是負責任的黨」，事實上看到的卻是「不管是什麼，我都反對到底」。因此「國家領導人困死於政治壓力」，「官民合力使台灣破產」。這就是明年一月總統大選前的淒慘實況。有人好奇地問：為什麼還會有人要去選總統？

第三項觀察：台灣只能是「短暫的富裕」？

剛去世的李光耀，在其去世前的著作《李光耀觀天下》這本書中，已不提台灣。綜觀國家局面，作者問：「台灣的大亂要開始了？」我的看法：台灣長期經濟下滑，就像絕大多數歐美國家（它們的經濟成長率大都在一～三％之間），從一九九〇年李登輝推動民主化就開始。高度威權的中共可以維持較高的成長，低度威權的新加坡也可維持比其他三小龍較高的成長。民主的代價就是犧牲二至三個百分比的成長率。

第四項觀察：自由而無秩序，終將失去自由

環繞這項觀察，作者有二十七篇文章來反覆討論。流行的「媒體誤國」論誇大嗎？作者提出：〈新聞「製造工業」仍未夕陽〉，〈專業記者愈來愈難找了？〉；作者更問：〈什麼樣的「人」辦報才好〉，〈沒有人性才能做傳媒〉這兩篇與我這篇短文的標題正可相互呼應。

第五項觀察：獅，醒了；龍，怎樣了？

面對「統，不願；獨，不敢；維持現狀，不甘」，作者提出了「大陸現代化是統一條件」，「贊成以公投決定台灣統獨」。當前的狀況是：在世界舞台上，大陸已與美國分庭抗禮；台灣只能自求多福。如果還有一些人堅持仍要鎖國，不要與大陸多來往；那麼台灣真就會加速走上衰落之路。如果「兩岸一家親」，資源相互合作、整合，讓台灣跳在大陸的肩膀上，雙方互補互利，那麼台灣還有機會靠經濟實力，維持相當尊嚴。

三十年來睡獅醒了，也開始發威了；小龍在民主—民粹的困境與僵局中，已是欲振乏力了。

（三）才華折服，觀點傷感

在典範人物缺少的台灣社會，作錦兄是少數之一。

在政壇及新聞界，君子已是鳳毛麟角，作錦兄是少數之一。

當「星雲真善美傳播獎」於二〇一〇年選出他獲得「終身成就獎」時，大家都認為實至名歸。

在一九五〇～六〇台灣兩岸對峙動盪不安的年代；在六〇～七〇台灣經濟起飛意氣奮發的年代；在八〇後台灣民主化夾雜民粹的「寧靜革命」中不寧靜的年代；在九〇後大陸和平崛起，台灣內部分裂，兩岸關係不確定的年代；作錦兄或在現場報導，或在編輯台上取捨新聞，或埋首撰寫重要評論。

作錦兄是台灣社會及新聞事件半世紀變化中，站在前線的見證人。他這些銳利生動的評論，使海內外讀者宛如身歷其境，普遍被他的才華折服，似乎又很難不引起迷惘。這就需要二十一世紀中國人、台灣人、華人做深刻的反思。

（二〇一五年四月於台北，作者為遠見．天下文化教育基金會董事長）

自序

國家不幸記者幸？——略陳「感時篇」選集的出版經過

張作錦

寫了二十七年的「感時篇」，於二〇一四年十月二十三日結束，我撰「感時篇」的最後一篇：〈向讀者告別〉，坦承耕耘小小一方土地的老農，「此刻放下鋤頭，走過田埂，然猶屢屢回頭張望也。」依依之情，不避人見之。

世事無常，人生有限。有些事是自己能力做不到的，或者做不完的，在適當的時候，都要放手。稍有留連或為人情之常，拖住不放則屬自戀過甚。

倒是讀者諸君子的反應，使我感動，也使我受寵若驚。他們或來信，或來電話，肯定我過去發言的誠懇，不欺世，也未流於放言高論。他們對我的擱筆感到遺憾，認為台灣前途未卜，少一個說實話的人，就是少一分促使國家社會進步的力量。

他們的鼓勵與督責，都使我點滴在心。事實上，我在「告別讀者」一文中已先招認了：「台灣處境艱難，國人望治心切，而筆者力薄能鮮，專欄雖云『感時』，但文章未能『濟世』，辜負了讀者的期許。」若來日尚有機緣，自當努力回報。

「感時篇」連載一結束，「天下文化」負責人高希均教授和王力行小姐就告訴我，要我選出若干篇章來，由「天下文化」出版兩本選集。他們兩位的好意，曾使我略有躊躇，蓋時論散文的大敵，就是時過境遷的變化。二十七年多少事，這些小文還有否時效上的意義？

但是偏安一隅的台灣，這些年來，耽於內鬥，怯於開拓，有些內在外在的問題，竟然「歷久彌新」，「感時篇」所言所論，有些仍有「溫故知新」的作用。不敢說記錄時代，視之為前後參證可也。

清代詩人趙翼在《題元遺山集》中有句云：「國家不幸詩家幸，賦到滄桑句便工。」台灣的種種坎坷，使我輩記者能有機會「直攄血性為文章」，這樣的「幸」，何其「不幸」啊！

三年前筆者就有意停寫「感時篇」，但我的同事與好友《聯合晚報》發行人兼《聯合報》總主筆黃年先生，曉之以義，動之以理，使我又勉力續寫了好幾年。

自「感時篇」開篇以來，同事賀玉鳳小姐就和我一同照顧這個專欄，她出身中文系，替我整理文稿，改正疏漏，打字和存檔，二十多年同甘共苦，我感激不盡。《聯合報》編輯部學養和文字都屬一流的沈珮君小姐，對這兩本選集，協助甄選文稿，組合排列，並在系統和邏輯上提供不少建議。

尤其要感謝中央研究院院士許倬雲教授。對許院士，我一向以師視之，但他不以學問傲人，以朋友待我，平常就給我很多指導與鼓勵。「感時篇」結束，他寄「聯合副刊」一文〈等待接力長跑的下一棒〉，對台灣的現狀與未來的發展，有剴切的評論與殷勤的祝望。我請求把此文當做「選集」的序文，也蒙他見允，目的不僅在為本書增色，也希望國人有更多的機會讀到許院士的醒世箴言也。

高希均教授與我相識四十多年，我的缺點與性格他都知道，但他的序文中卻給我頗多讚美之詞，這自然是朋友的督勉之意。

「聯副」歷任主編痖弦、陳義芝和鄭瑜雯諸朋友，以及「天下文化」負責規劃和編輯本書的吳佩穎和賴仕豪兩先生及吳毓珍小姐，都要在此感謝他們的辛勞。

另外，為了稍稍豐富選集的內容，有少數篇章並非出自「感時篇」，而是發表在《遠見》或《聯合報》其他版面上，也納入選集，謹此一併說明。

二〇一五年四月于台北市

第一部

台灣，成於民主，敗於民主？

台灣在國際上的地位和聲望，是民主政治掙來的。但是，我們的民主雖非「假貨」，卻是「水貨」，劣質已日漸顯現。如不反省改進，這樣的民主會害了台灣。

1 民主並不能保障國家不走向衰亡

看看印尼和菲律賓，台灣人民要為自己捏把冷汗吧！

舉世各國無不追求工業化，而工業生產需要動力，所以石油國家都發了財。但是亞洲盛產石油的印尼，卻在貧亂中掙扎。理由無他，因為政治不上軌道，阻礙了經濟建設，人民不得安居樂業，社會自然就跟著浮動。

印尼自建國以來共有四位總統，包括蘇卡諾、蘇哈托、哈比比和瓦希德。前三位以威權體制獨裁統治了數十年，在二十一個月之前，瓦希德才成為第一位民選總統。印尼國內以及世界各地的人民，都盼望這是印尼民主化的開始，使這個「萬島之國」，從此走上富強康樂的坦途。

瓦希德所屬的政黨，在國會中是第三大黨，因為各黨派鬥爭激烈，相持不下，又不願讓第一大黨的梅嘉娃蒂出任總統，於是在妥協下由瓦希德當了總統，梅嘉娃蒂任副總統。而瓦氏不顧自己只有一二%選票的事實，做事一意孤行，視憲政和國會如無物，因為遷就激烈的政治鬥爭，政策搖擺不定。於焉經濟每下愈況，貪污變本加厲，加上族群不和，使社會更加騷亂，人民生活痛苦指數節節升高。印尼最高權力機構「人民協商會議」忍無可忍，七月二十三日將他罷黜。雖然副總統梅嘉娃蒂和平的接掌了政權，但是外界對印尼的政、經發展並不樂觀。

無獨有偶，亞洲另一個國家菲律賓，今年初也趕走了貪污無能的總統艾斯特瑞達，也由女副總統艾若育繼任。同樣的，這個國家似乎也無起色。

一九四六年脫離美國統治而獨立的菲律賓，是全亞洲最早實施民主政治的國家，也曾是僅次於日本的第二大富國。當台灣的國民所得不足四百美元時，菲律賓已是兩千元了。但是，馬可仕的二十年執政，只肥了自己家族，卻窮了國家人民。一九八六年在「人民力量」的強烈震撼下，馬可仕被推翻，政權由柯拉蓉而羅慕斯，民主政治雖勉強維持，但經濟金融卻一蹶不振。艾斯特瑞達以「窮人的希望」為號召當選了總統，但他自己被控貪污八千萬美元因而下台。今天的菲律賓，政爭無時或已，民意代表只罵人不做事，公共建設嚴重落後，治安惡化、綁架頻傳迫使企業家迴避，共產黨、土匪以及部落之間，在各地經常有流血火併，人民處於水深火熱之中。

看看印尼和菲律賓的發展軌跡，我們是否覺得有點「面熟」？不是和台灣有幾分相像嗎？

——大家都在追求民主政治。但不尊重憲法，不實行法治。

——都耽於黨派鬥爭。政治人物都大言炎炎，不務正業。

——都因內鬥而傷了經濟。

——都有黑金和貪污問題。

——人民都由富變窮，貧富差距加大，社會公義難以維繫。

——換了國家領導人，但解決不了現實問題。

印尼在民主道路上起步不久就跌了跤。老牌民主國家菲律賓，更趴在地上爬不起來。目前兩國都是台灣外勞的最大供應國，在台的「印勞」和「菲勞」至少在十萬人以上。

台灣雖然政局紊亂，經濟大衰，所幸民主政治的根基尚未嚴重受傷。但是民主政治就一定能保障國家轉危為安嗎？

美國學者卡爾．科恩（Carl Co-hen）認為民主並無「白吃的午餐」，它有五個條件：一、物質條件——包括公民的物質條件與社會整體的經濟安排；二、法制條件——政府守法人民重法，始能真正全面參與政治事務；三、智能條件——公民要具有履行民主的知識條件；四、心理條件——民主要起作用時，社會成員在精神上所應顯示的心理狀態；五、防衛條件——民主社會應有抵禦外侵及平復內亂以防衛自己的能力。

這些條件，我們有多少？我們憑什麼相信，僅有民主，台灣就一定可以得救？目睹印尼和菲律賓的國情發展，生活在台灣而又關心台灣的人，恐怕要捏把冷汗吧？

（二〇〇一年七月二十九日《聯合報》）

2 台灣，成於民主，敗於民主？

我們的民主雖非「假貨」，但卻是「水貨」，將來的問題不小。

行政院宣布核四復工，有人說，這項爭議已經落幕。但稍一深思，恐怕未必。如張俊雄院長所說，復工是民進黨「痛苦的抉擇」，既然痛苦，哪能甘心？朝野下一個較勁的擂台，是公投法。所以，復工只是第一幕與第二幕之間的「落幕」，整齣戲只怕還沒演完。

核四，只是一項國家建設的公共政策而已，怎麼會演變成這個樣子？追根究柢，是我們的民主政治出了毛病。台灣雖號稱民主了，在民主的實踐上也有若干成績，但是，我們信道不堅，衛道不力，一到了關鍵時刻，一碰上重大議題，朝野就以一黨一人利害相關的「政治」觀點來處理問題，而忘了應該常在我心的「民主」立場。

民主政治不僅有抽象的理想，更有具體的目標，也有運行的規範。若以此來檢視今天台灣的政局，至少可以提出三點討論：

一、**執政與在野的問題**：人民一旦投票決定政黨輪替，則執政黨和在野黨就應各守本分。今天之執政黨民進黨就不能再持續昨天在野黨的作風，這也反對，那也抗爭，仍然「鬥性」十足，演出自己走上街頭的笑話。而應衡量自身的能力，避免權力的傲慢，與在野黨合作，謀國家的正常發展。而今之在野黨國民黨，也不能沉溺於失去政權的悲憤怨懟中，應誠誠懇懇地幫助執政黨建設國家，以贏得民眾信任，圖謀收復政權。

二、**口號與政策的問題**：政黨和政治人物為了爭取人民的選票，經常會提出各種政見。為了動聽，又經常把政見誇大。結果愈誇愈大，最後就變成了口號，而根本無法實行。民進黨大選獲勝，提出「全民政府」的號召，找唐飛組閣，一時國內外耳目一新。但不旋踵，將唐飛解職，「全民政府」隨之破產。接收政權之初，新政府有「福利國家」的雄心壯志，但錢在哪兒？政府根本入不敷出，大多數社福承諾自然不能兌現。至於核四問題，經濟部提出的「替代方案」已經成了笑柄，何況「非核家園」的言大而誇？

三、**民主與民粹的問題**：實行民主的首要條件，就是大家要遵守共同的遊戲規則。可是十多年來，執政者因為不願受規則的「束縛」，就鼓動民粹風潮，以遂其個人的政治慾望。寖假以還，公權力日漸式微，公共政策、公共建設都已不能推動。以桃園縣觀音鄉保障村廢棄物處理場預定地為例，由於居民抗爭，四年未能動工。業者日前雇用大批打手圍村，強行動工，與村民再發生嚴重衝突，很多人感嘆：是不是沒有政府了！

台灣在國際上的地位和聲望，是民主政治掙來的。但是，我們的民主雖非「假貨」，卻是「水貨」，它的劣質已日漸顯現。如果我們不能反省改進，去充實它、完善它，則這樣的民主，將來也許會害了台灣。

（二〇〇一年三月號《遠見雜誌》第一七七期）

3 台灣人民被政治寵壞了

其結果是：政府無能、社會無序、國家無前景。

被視為「獨派大老」的辜寬敏，日前批評民進黨「被台灣社會寵壞了」。謝天謝地，終於有人講了這句話。這話早該有人講了，但誰敢呢？首先，你的「出身」要被檢查；其次，你的「動機」要受質疑。而且，過關與否的標準由「檢方」制定。捨辜氏之外的其他人，多半懼於因言賈禍，寧可輕國事而重自保，袖手乾坤看斜陽去了。故辜氏之言，可貴而難得也。

辜寬敏的批評，當然是恨鐵不成鋼，希望民進黨更好。但其他人若有此舉，應也是懷著同樣的心情。蓋民進黨是目前最大的在野黨，且曾經執政八年，以後還有機會取得政權，擔負起治國大任，為全民安全幸福之所繫。國人不論個人政見如何，為私心利害計，也希望它日有精進，成為健全而負責的民主政黨。

辜寬敏說「台灣社會」寵壞了民進黨。誰是「社會」？就是「選民」嘛。譬如民進黨籍立法委員邱議瑩腳踹法務部長辦公室房門，涉嫌妨害公務，台北地檢署以被告身分傳她應訊，她公開發表聲明，既不請假，也不出庭。一位立法者對法律蔑視褻玩到如此程度，實在叫人吃驚。但據說政客愈是這樣「恃寵而驕」就愈有選票，在民主選舉的台灣，還怕沒人群起效尤嗎？

部分選民因為握有這一票，不僅可寵愛他的候選人，更可取得不少他想要的東西，哪個政治人物敢不給？

——我家附近要有個機場，於是有了機場，但有沒有飛機就不管了。

——高速鐵路要停我家門口，於是停了，但鐵路是否還高速，就不管了。

——我鄉我土要有一所大學，於是有了，但學生沒有啊，也不管了。

——我要養殖，要灌溉，所以不經核准就逕行抽取地下水，結果地層低於海面，有雨必淹，這當然要指斥政府治水無方，並責其善後。

——我的各種福利和津貼愈多愈好，但稅不能加，油電瓦斯和自來水這些公用物資的價格也不准漲，至於政府的錢從哪裡來，那可不是我的事。

——核電我不要，但是代替方案是什麼，也不歸我管。

——我家門前要清潔，所以環保第一，就是世界「環保模範生」的工廠要來，我也拒絕。現在國外廠商到台灣來投資的幾乎沒有，台灣企業也怕麻煩，多「逃」去其他國家設廠了，可是我家孩子要就業啊，政府怎麼這樣無能呢？

——我需要賺大陸的錢，也需要大陸在國際上替我撐腰，但是官方接觸稍微多一點，我就擔心它會「賣台」。

——菲律賓無故射殺我漁民自應嚴正交涉，但政府尚未及採取行動就被罵軟弱，於是外交國防立即硬起來，可是隔天又被罵反應過度，貽笑國際。

——同理，為了讓漁民能到釣魚台海域捕魚，政府與日本簽訂協議，這本是利民的大突破，但又有人斥政府「喪權辱國」。

總之，選民手裡之所以有這張「神聖的一票」，是因為台灣的民主制度。這一制度寵壞了選民，某些選民為私利、為私心、為私人的政治主張，而膨脹或濫用了這一票。其結果是：政府動輒得咎，無法做事；社會是非不明，沒有秩序；五日京兆的官員，當然訂不出國家的長遠方針。於是人心苦悶，視野更窄，胸襟更小，除了更耽於內鬥之外，社會大眾多以罵馬英九總統以求發洩。

誠然，馬有很多事情做得不夠，但他對外維持和平，對內進行改革，而且清廉自守，節用權力。如果有人要求特赦或保釋陳水扁，卻要罷免馬英九，恐怕也未必公道吧？再說，馬英九有任期，台灣生存可沒有期限，每一位選民要不要想想自己對國家的責任？天天高喊反對、上街遊行，能把台灣建設好嗎？

日前遇一台灣企業家，他在大陸有六、七處投資，請他比較一下大陸和台灣未來的發展。他毫不猶豫的說：「大陸沒有選舉，台灣有選舉，台灣就沒法比了。」聽了叫人駭然，也叫人默然。我們一向以台灣的民主為傲，認為將來可以此影響和同化大陸，想不到它也能成為國家進步的絆腳石。

「惟民主能統一人心，然後能統一國家。」這句話似乎不能用在台灣，我們有自己社會「特色」的民主。

（二〇一三年五月二十二日《聯合報》）

4 人民與政府只有對立？

人民應該監督政府，也應給它必要的支持，讓它能完成任務。

人民可以與政府的立場不一致，甚至對立，因為人民以選票選擇了政府，人民是主人。但是，人民在經由民主而合法的程序選擇政府之後，固然應該監督它，但也應該給它必要的支持，使它能完成人民交付的任務。

可是，目前台灣的社會氛圍，人民似乎覺得，國家是屬於政府的，與我無關。因而與政府沒有休戚與共的感覺，沒有生命共同體的內心關連，也不知道自己要負什麼責任。所以處處要求政府，事事批評政府。

為什麼會這樣?因為民眾並不完全了解國家的真實情況和處境。不知道國家有哪些優勢,有哪些困難和危險,更看不出國家的前景,也不知道政府要把他們帶到哪裡。一般人心浮氣躁,對前途沒有信心,所以社會充滿了怨氣和怒氣。

那麼怎麼辦呢?很多人覺得,有些事,政府首長要講清楚,尤其總統,要找機會,站在一個大格局上,把國家的現狀和未來的規劃,完整而透徹的告訴老百姓,讓大家知道,台灣由於歷史的因素,以及在當前的國際大環境裡,我們還要面對哪些困難,政府有哪些對策,憑著台灣過去發展的基礎和經驗,我們可以度過難關,獲得我們應得的成就。但是,要想達到這樣的目的,只憑政府的力量是不夠的,要靠全體同胞的戮力同心,甚至可具體指出,哪些事是老百姓應該做、也可以做的。這樣,一方面把國家前景描繪給國人,一方面也課國民以某些責任。這或者可以給人民自己一個努力的目標,轉移社會的話題,不要一天到晚只是批評政府和總統。

總統要做這樣的宣告,國是會議當然是個很好的機會。但現在做這些倡議的人,目的似乎可疑,外界猜測,不無藉此場合批判政府的意圖。馬總統未能接受,也許可以理解,但他應另找機會,向全民發表國政報告,媒體一定會配合,也一定會在社會產生影響,畢竟理性的人還是很多的。

總之，總統要給全民希望和信心，轉移他們的注意力，不能讓政府和總統陷在整天被批鬥的泥淖中。

政府要推動的建設很多，人民對政府也有很多的期許，甚至責難，但當前政府的首要之務，當然是振興經濟。行政院很多部門，各有責任，惟負責綜合責任的，毫無疑問的是經建會。它是個火車頭，相關部會是一節節車廂，掛在後面，大家一起跑。火車頭的動力，非常重要。根據過去的經驗，從經設會、經發會，都是這樣。早期陳誠和嚴家淦擔任行政院長時，都兼任過主委。蔣經國任行政院副院長時自己也兼過。那時經建會是經濟發展的總司令部。但是現在，我們看不出它究竟發揮了多少功能，有多少建樹，恐怕要切實檢討。不過，現在換了主任委員，希望新人能給這個單位注入新的動力。

民主法治國家，政策執行要經立法院立法或同意。馬英九兩任總統，執政黨在立院都是多數，但法案不是受阻，就是遷延時日，失去最好施行的時機。其間不僅有反對黨的杯葛，連執政黨議員都有掣肘反對者。國民黨非剛性政黨，不能「雙開」。但既為黨員，亦有支持黨政策的義務。他們也因黨提名而當選。不分區立委更是黨的當然辯護者。執政黨今後政策提出先要在黨內經過充分討論，完成民主程序後，就應該對黨籍議員有約束力。

馬總統被誤解沒魄力，要在議會問題上做一些事，以改外界觀感，也藉以整頓黨的紀律。

馬英九總統不久前說，民意會變，自己要有定見，好的決策就要勇往直前。這話說得極好，但做起來卻「遇反則改」，使百姓對政府失去信心。有些人本來不反對的，看政府反覆，也就「順勢」反對，藉以打擊和困擾政府。這一點，馬團隊應知過能改。

（二〇一三年二月十四日《人間福報》）

5 只問官，不問民，國家好不了

「公民不服從」在台灣被嚴重誤解與濫用。

在民眾嗆聲、媒體詬辱和藍綠民代幾乎「皆曰可走」的喧囂中，劉內閣總辭了，吳內閣接事了。

舊去新來，「民意」得彰，台灣的難題是否就可迎刃而解，國家的前途是否就一片光明了？答案應該是不會的。

「不會的」，與吳內閣的能力夠不夠無關，而是當前需要調整匡正的，不是、至少不僅是「政府」的人事，而是「民間」的意識。

所謂「民間」，是指我們老百姓，以及自詡或自信代表「民意」的那些人。

舉世各國，多自號「民國」，實行「民主」。顧名思義，乃是老百姓當家作主。當家作主並非可白吃午餐，而是享權利就應盡義務。盡哪些義務？政治學上已有長篇累牘的討論，不及備載。倒是美國開國先賢、民主宗師湯瑪士・傑佛遜說得言簡意賅：「嚴格遵守各項法律規定，這無疑是一名好公民的優良品德，可這不是最為高尚的品德。憂患意識、自我保存、救國家於危難，這才是法律上更為高尚的責任和義務。」

以此來衡量台灣社會，很多民眾以及他們選出的民代和公職人員，不僅常不願守法，且以蔑視法律、損毀制度而自炫。很多民眾不珍重自己，也甚少思考國家的處境，不僅未救國家於危難，反而把國家推向危難之中。

以「八八水災」而論，它是突然來的嗎？幾乎年年洪水，年年山崩橋斷，大自然的警示還不夠嗎？但是我們的山坡地不濫墾、濫建了嗎？我們不再盜採砂石掏空橋梁底座了嗎？我們不再超抽地下水使地層繼續下陷了嗎？官員、民代和黑道相勾結私吞了治水工程的款項我們舉發、制止了嗎？大水來時我們聽從治安人員的勸導疏遷到安全地帶避免傷亡了嗎？如果這些我們都未做到，我們是不是自己的加害人，對這場災難，也要負一部分、甚至大部分責任呢？

恐怕甚少人做過這樣的檢討，卻有人只會責罵揮汗挖泥的軍人救災不力，抱怨組合屋面積太小，嫌厭慈善團體供應的免費飯盒不夠熱。

外界更不敢談論這些事，政府以討好百姓換「萬民傘」，民代公職要選票，媒體搶版面畫面，誰願意捅馬蜂窩？

水災初起，民眾困頓，也許不忍談這些事，但一個月過去，搶救結束、重建開始，就應該認真檢討了。社會不反省，情況就不會改善，水災可能還會再來，姑息適以害之。再則，這種習性不改，說不定國家還有其他更大的災難在後頭。

「民意」過度擴張的台灣，不僅立法院裡滿是橫行霸道、面目可憎又不務正業之人，媒體不僅未導引社會趨向正軌反而到處煽風點火，更要緊的是「公民不服從」在台灣被嚴重誤解和濫用。

來自西方「公民不服從」這個觀念，是指人民拒不遵行不正義的法律；在我們這兒，卻被認為是「什麼都反對」的同義語。「公民不服從」至少有幾點規範：第一、非暴力；第二、不損害無辜者；第三、秉持公正原則；第四、不能挑戰合理的制度。

但是長久以來的台灣，不僅「民意就是力量」，簡直「民意就是真理」，根本無從討論是非。這麼無限上綱下去，不要說馬英九、劉兆玄、吳敦義不行，任誰來也治理不好台灣。水災可以復原，是一時的；但我們的國際環境、兩岸關係、人民團結和經貿發展等等，也就是國家的方向，卻不是一個分裂喧鬧的社會能建構和完成的。

民主政治根植於言論自由之上，必須容許批評；可是我們的在野黨、國會、媒體、社團和個人，很多時候，批評只是為了發洩，為了邀得掌聲，為了攫取一點不可明說的利益。其言也，不僅不服從正義，也不服從常識，更不要說能照顧「最大多數人的最大福利」了。只有批評少有建議，於是，我們成了一個只破不立的社會，遍野荒蕪，滿地殘屑，不知誰來收拾。也許我們今天應該反省：國家要靠人民，非靠政府。人民比政府負更多的責任時，國家才會健全。

這是台灣的大問題、大隱憂。一篇小文章載不動這麼沉重的事。再說，評論「民意」可能惹火上身，為明哲之士所不取。可是我總忘不了美國民權領袖金恩博士的話，他說：「在我們這一代人中，我們要懺悔的，不僅僅是壞人的尖刻言詞和過激行為，還有好人令人震驚的沉默。」

這是金恩一九六三年在伯明翰監獄裡寫給朋友信中的一段話。四十六年後的台灣，也許我們應該想想，「我們這一代人」是怎麼樣的人，要怎麼做才對。

（二〇〇九年九月十五日《聯合報》）

6 不論什麼黨、什麼國，都要法治！

民主保障了人民的幸福生活，法治則保障了民主。凡追求民主者，都必須追求法治。現在就開始守法，成本最低。

現代國家多講求法治。法治並不是什麼時髦觀念，中國「古已有之」。《左傳・莊公十年》（公元前六八四年），曹劌問魯莊公憑什麼對抗入侵的齊國大軍？莊公說他祭祀誠信，說他與窮苦百姓分享衣食，曹劌認為這都是小恩小惠，不足以號召民眾團結禦侮。等到莊公說他平常執法公正，曹劌才表示可以一戰，結果魯國果然贏了。不過歷史上像莊公這樣重視司法的當權者並不多，多的是圖一時之便，玩弄司法於股掌之上的人。最後失人心、亂天下，使生靈受苦。這正應了蕭伯納一句亦莊亦諧的名言：「我們從歷史中學到的一件事就是：我們從歷史中什麼都沒學到。」（We learn from history that we learn nothing from history.）

鼎革以來，由國民黨主政的中華民國，司法之未上軌道，事實俱在，雖親者亦不能諱。即以在台灣四十餘年而言，多少司法案件是看國民黨臉色判的。此所以國民黨雖使台灣成為亞洲四小龍之一，國民所得近美金萬元，而不滿與抗爭之聲未曾間斷。

現在，時移勢易，國民黨不能或不敢再肆無忌憚的干預司法了，司法當局看人抓藥的對象換成了在野的民進黨。這話不是隨便說的，看幾個例子好了：

「小蜜蜂」在華視門前叫罵，在人家牆上、車上噴漆，居然沒罪，判決說是證據中無法認定是他們做的。

民進黨立委集體阻擋資深立委報到，且發生嚴重推擠衝撞，結果既非公然侮辱，也未妨礙自由，法官的理由是資深立委馬上要退職，「無再犯之虞」。

如果這些是「小事」，那麼就看看「大事」：自稱「台灣建國運動組織」的一群人，在台中市西屯路「占山為王」，用汽油彈攻擊警車，夜襲國民黨省黨部，且以自製武器和警方「長期抗戰」，法院的拘提令竟然無效。或曰這是「凸顯政治結構不合理」，但是這批人在「總部」附近管制交通、武裝巡邏、並盤查行人，把西屯路變成了光緒年間的北京東交民巷，這與「政治結構」何干？

凡此種種，如果不是民進黨，法院能這樣優惠嗎？司法當局「相忍為國」固用心良苦，但是法律的「可塑性」卻沒有這麼大。當年國民黨有勢力，影響法院判決，自然要受批評，現在民進黨的勢力也影響法院判決了，應不應該批評呢？

當然，從前國民黨影響之判決，吃虧的都是在野人士，現在他們要「報復」，要向司法挑戰，從打擊和癱瘓司法，來打擊和癱瘓國民黨政府。這個策略，不能說沒有效，今天，司法的力量已經很微弱，社會秩序已經很難維持了。

司法院長林洋港九月二日以「灌輸自由、平等、法治理念的真諦」為題，在報上發表文章。他說，「近幾年來，社會上喧騰著一些似是而非、危言聳聽、譁眾取寵、綁票勒索、殺人越貨、或做人身攻擊、或做聚眾滋事的言行舉動，這些脫序現象皆由於欠缺民主法治、自由平等的思想文化所致，故應從教育上徹底檢討。」林院長所說的「教育」如果指學校教育，我們從小學到大學的「生活與倫理」、「公民」以及各種法律課程，無不灌輸青年守法觀念，但是到了社會，國民黨和民進黨給他們的「示範教育」，卻是法無定則，全看運用之妙。於是很多人心存行險僥倖，社會亂矣！

從前國民黨不守法，民進黨人士如認為他們現在也可不守法，以示「公平」，那麼要不守法多久呢？總得有個期限！而國民黨在改了，民進黨要不要改呢？再說，民進黨在司法方面攻擊國民黨最力，如果自己也不守法，那就犯了同樣的錯，我們又何貴乎有個民進黨呢？

許信良去年說，民進黨三年內要執政。民進黨中有些人，不聽黨內外勸阻，執意要建一個「新而獨立的國家」。不論是「執政」也罷，「建國」也罷，台灣社會秩序要照這樣發展下去，必是危邦亂國，將來怎麼治理？若謂到那時再教百姓守法好了，這就像從來不摸針黹的大姑娘，臨上轎要她縫嫁衣，天下哪有這麼便宜的事？

民主保障了人民的幸福生活，法治則保障了民主。不論是什麼黨、什麼國，凡追求民主者，都必須追求法治。現在就開始守法，成本最低。

一九九一年九月九日《聯合報》

7 大家來踹法務部長的門

「有台灣特色」的法治終於形成。

因貪污罪被判刑的前總統陳水扁，今年四月移監，立法委員邱議瑩等十多人表示不滿，到法務部找部長曾勇夫理論，邱議瑩用腳將部長辦公室門踹破，並罵曾勇夫「歹種」，法務部向台北地檢署提出「損毀」之告訴。檢方大概案子太多，時過半年未見處理，而新任法務部長羅瑩雪上月將告訴撤銷，理由是「以和為貴」「釋出善意」。羅部長這一英明果斷的決定，對我們升斗小民實在是大大的福音。

我的朋友張三，因為鄰家的狗吵得他晚上睡不著，準備去請羅部長替他作主。若羅部長不理會，他就可把部長房門踹破，並口出穢言如「孬種」這樣的話。部長在氣頭上可能提告，但最後一定會撤銷。因為部長脾氣好，性格善良，對邱議瑩這樣的人、這樣的事都能「和為貴」「釋出善意」，且部長主管法務，自然懂得法律之前人人平等的道理，更沒有理由不以同樣的態度對敝友張三。

尤有甚者，邱議瑩當時已觸犯「妨害公務」和「侮辱公署」之罪，但法務部均未提告，僅撿了最輕的「損毀」罪提出告訴，最後連這項輕罪也「釋出善意」而撤銷了。但邱議瑩似乎未感受到羅瑩雪的「善意」，她說終於「還我公道」。換言之，告她是不「公道」的。這樣一來，我的朋友張三就會得到同樣的待遇，在羅部長撤告之後，他也會說「還我公道」。

根據這項邏輯，敝友李四因為接到一張交通違規罰單，王五自認吃了餿油，他們就找交通部長和衛福部長交涉，劇情和發展與法務部同，就不一一贅言了。也許有人說，部長怕立委，你們升斗小民，他們不怕。這樣說就錯了，連總統都是我們選出來的，所以我們百姓最大。

提到總統，又有話可說了。歌手蕭敬騰被人扔以臭糞，警察大動作辦案，逮了好幾個嫌犯。但有人以臭鞋扔總統馬英九，且一而再、再而三，都沒事。扔鞋不僅是侮辱，根本是暴力，對任何人都不可以，何況是國家元首？但馬英九不讓警察與百姓「對抗」，且指示撤除「攔鞋網」，他只講究自己的溫良恭儉讓，完全忘了對國家法治的領導和執行責任。

這樣的民主能走多遠？

別談法治了，關說司法案件的立委，可以把法務部長和檢察總長召到立法院審問辱罵，這恐怕是少見的「世界奇觀」。這樣也好，這就使我們「有台灣特色」的法治大功告成了。我們常自詡是民主國家，民主靠法治支撐，那就看這樣的民主能走多遠吧！

（二〇一三年十二月號《遠見雜誌》第三三〇期）

8 不執法是誘民入罪

自由而無秩序，終將失去自由。

「太陽花學運」落幕，留下很多問題供國人反芻、思索。學運的起因、價值和影響等等，多元社會，人各有其判斷，很難、也無必要求其一致。但群眾某些行為已觸犯法律，是很多人認可的。因為事實俱在，即使同情和傾向學運的人，也無法再曲於維護。現在的問題是，違法之人辦不辦？怎樣辦？

「不辦」者認為學生年輕，思想不成熟，可以寬宥。「主辦」者則說，學生都二十幾歲、三十幾歲了，還有很多社會群眾加入，何得謂「年輕」？法務部長羅雪瑩也說，執法只認事實，不認身分。

「不辦」者主張學運屬「公民不服從」層次，是人權範圍的事。「主辦」者則說「公民不服從」並不能阻卻違法。「公民不服從」先驅梭羅、甘地和曼德拉等人都曾入獄。

「不辦」者指出，罰不責眾，古有明訓。「主辦」者則說，罰不責眾是權宜之計，不應成為普遍原則。再說，多少人叫「眾」？集體觸法者總有首從之分，豈能一概縱放？

「不辦」者退而求其次，希望將來司法偵訊後，對涉法群眾緩起訴或不起訴。「主辦」者以為不可，違法者定其刑責，但可以緩刑，不課定責任是不明是非，是法治精神的敗壞。

據媒體報導，「太陽花」落幕不久，台北市警方已開始調查學運違法案件，將約談學生領袖林飛帆及陳為廷、包圍警局的洪崇晏、強闖行政院的社運人士劉敬文，以及輔大教授梅心怡等人。大家應靜待司法的處理。

論者以為，這次學運，政府「正當防衛」不足，才使事件擴大。學生初入立法院，已經是「攻占官署」的嚴重違法行為，政府如果當機立斷的驅離，雖或有些小衝突，應不致「鼓勵」群眾攻占行政院和包圍警分局的更大騷亂。不執法，不認真執法，是誘民入罪。社會普遍感覺到，現在法治的「破窗效應」已經顯現，政府豈無責任？

當然，政府以法律約制人民，輕重是很難拿捏的。《資治通鑑》是中國傳統的重要治國參考書，《通鑑》有云：「法貴必行，慎在深刻，裕其制以便俗，嚴其令以懲違。」意思是說：法的最重要價值在於執行，但要慎防深究苛察，不可株連太廣。制度要訂得寬和一點以便利大眾，但執行要嚴格以懲罰違法。」司法偵辦學運涉法者，這也許是一項原則。

自由為人權之保障，秩序則保障了自由。

法學大家格老秀斯說：「上帝把生命賞賜給人……又給人分配了充分享受人身自由的權利，以及控制行為自由的能力。」我們在台灣享受自由的權利，不知有否「控制自己行為的能力」？如無，則將失去社會秩序，也終將失去自由。

（二〇一四年四月二十四日《聯合報》）

9 請外省政治人物全數退出政壇

政爭模糊了制度的缺陷，省籍情結遮掩了大眾對問題的注意和認知；若是外省政治人物全數退出政壇，將可把問題的癥結清楚地呈現出來，從而謀求解決。這不僅對台灣籍同胞好，也對外省人好。

提出「請外省政治人物全數退出政壇」這樣的建議，可能被人認為是情緒性的話，或者在替外省人賭氣。其實我內心非常誠懇，我覺得這樣不僅對台灣好，對台灣籍同胞好，也對外省人好。

平心而論，外省人對台灣是有相當貢獻的。民國四十年代，從大陸撤來的數十萬外省軍人保衛了台灣，在一江山和古寧頭的砲火中捐軀的都是他們；駕機深入大陸偵察，很多人從此一去不返的也是他們。如果不是他們的犧牲，換來等待國際局勢轉圜的時間，台灣可能已在四十年前就被中共占領。在共產制度下生活是什麼樣子，這是大家都知道的。

台灣局面安定後，從大陸來的一批技術官僚、一些專家、一些資本家，戮力於台灣的經濟建設，為後來的繁榮富裕奠定了基礎。

外省人這種共同參與的精神和奉獻，為絕大多數本地同胞所承認和接受。再加上同學、共事和通婚等融合過程，「省籍」的界限本可逐漸消除，但是它終於還是成為一個問題，主要是政治上的原因。

中央政府遷台，高級官員中以外省人居多，這是歷史發展的結果，也無可如何。不過執政的國民黨用威權統治，想獨占政治利益，打擊和排斥一切不同政見的人，並在選舉上做不公平的競爭，於是製造出一批「黨外」的反對人士，也激發出一些離心離德的思想，譬如「建立一個新而獨立的國家」。

台灣能不能獨立？因為無從實驗，有的人把它畫成一幅美好的藍圖，有的則認為它危險萬端。解嚴之前，台獨的言論是被禁止的，抗爭的對象是政府、是國民黨；解嚴後，中華民國有了一位台灣籍的總統，國民黨有了一位台灣籍的主席，這時外省籍的高級官員還認為台獨是不可行的，將陷台灣於危局，抗爭者的對象已不是國民黨和政府，而換成了外省人。時局的激盪，深化了政爭，又逐漸被人引申成「外省的行政首長欺侮本省總統」，或者更誇張成「外省人欺侮本省人」。

這樣發展下去，情勢會很嚴重。

第一、我們雖然號稱是實行憲政的國家，但是我們的政治制度很紊亂，總統制或內閣制糾纏不清。目前是總統無責、內閣無權。現在監察院不是民意機構了，而國民大會又要和立法院對抗。只是因為有政爭在，大家只看到人，而忽略了制度。

第二、我們雖然號稱是實行民主政治的國家，但領導人之專權一如往昔，甚至過於往昔。「強人復辟」的政局會有什麼後果，很令人懸念。大家現在也是因為人的關係，完全把民主政體「制衡」的必要給忘了。

第三、台獨的活動年來較為積極，外省籍的行政首長自認對國家、同胞有「責任心」和「使命感」，奮身「力挽狂潮」。但是因為身分的關係，顯得沒有力量。如果獨立有益無害，當然最好，如果有害無益，那就是因人廢言了。

不要被無謂的情結蒙蔽

在這種情形下，我認為外省籍政治人物應該全面退出政壇，政府高級官員概由本省籍人士擔任，這樣我們國家的問題就可很清楚地呈現出來，不再被無謂的「省籍情結」遮掩住，也不再被有心人轉移了大眾的注意力。那時大家就必須面對：

第一、我們究竟要誰當家？是總統還是行政院長？權給誰，也就同時要課他以責任。

第二、我們究竟要什麼樣的政治？是專權還是民主？要專權非常容易，要民主就要努力整頓。

第三、台灣真有獨立的必要嗎？有獨立的可能嗎？是少數人要冒險，還是多數人都同意？

這些問題釐清了，解決了，台灣才能繼續繁榮進步。全體同胞，自然也包括外省人，也才能安居樂業。這對外省人意義尤其重大，因為他們將不再成為權力角逐場中的箭靶子，而後才能沒有任何負擔，完全融入當地社會。

最後要對本文標題「請外省政治人物全數退出政壇」做兩點界定。所謂「政治人物」，是指高級官員，基層公務員而無決策權者，自不包括在內。所謂「政壇」，是指行政部門官派的職務，民選公職不算。事實上，今後外省人透過選民投票參與政治，恐怕是最有可能、也是最好的一條路。

（一九九三年二月號《遠見雜誌》第〇八〇期）

10 請外省人退出政壇！

重申以前提過的一項建議。

六年前，政治勢力逼迫行政院長郝柏村下台。其間鬥爭之慘烈，政局之動盪，國人應記憶猶新。當時筆者在《遠見》寫了一篇文章〈請外省政治人物全數退出政壇〉。我的主要理由是，台灣是各族群賴以安身立命的家園，如果因為一小部分人參政的原因，因而導致社會的不安，誠非大眾之福。這些少數人可從事千行百業，不一定非從政不可。若是他們退出政壇，使台灣內部能減少爭論、紛擾，國家可在安定中求繁榮、進步，則他們在這方面的「貢獻」，可能要比從政來得更大。

讀過這篇小文的人，正反兩面的看法都有：贊成者從政治現實著眼，覺得不失為追求社會祥和的正本清源之道；反對者則從政治法理著眼，認為不能剝奪特定人從事公職的權利。當然，「外省人退出政壇」的想法只能是一項呼籲、一種默契，不能立法禁止；但是，當看到宋楚瑜競選總統後掀起的風雨，個人忍不住要重申前議：請外省人退出政壇！

一個廣土眾民的國家，地域觀念並不足為奇。抗日期間，政府遷都重慶，四川同胞往往排拒「下江人」。美國東岸新英格蘭地區的民眾，多少有點看不起「德州佬」。民國三十八年，國府被中共驅離大陸，百多萬各省同胞相隨來台。由於主政者對國家安全特有的戒心，由於「大中國」的歷史傳統，由於某些政策上和執行上的差錯，使本省同胞感受到有不公平的待遇，難免滋生畛域之見。其後因同學、同事和通婚等各種融合管道，再加上解嚴，以及選出台灣人擔任總統，省籍和群族問題本已可消弭，但是一碰到政治，一碰上選舉，問題就跟著惡化，社會就跟著不安。

以宋楚瑜為例，遠在民國八十五年四月二日，他在省議會報告施政時，即提出「新台灣人主義」這個理念。八十七年底台北市長選舉，李登輝總統為支持馬英九而提出「新台灣人」的口號，晚了宋楚瑜兩年半。宋楚瑜也頗能實踐他的「主義」，努力學閩南話，全省走透透，並真心誠意為民間解決問題。可是一旦他參選總統，立即招致國、民兩黨的痛擊。當然，宋楚瑜有金錢上的把柄落在對方手裡，但請大家試想，宋如果是一位在地人，會有這樣下場嗎？

謂予不信，請看看龍應台。她在威權體制下，曾為全台灣人民的言論自由而冒險抗爭，居國外二十年仍拿中華民國護照，但是做為台北市文化局長，在議會裡仍然被質問：是不是台灣人？愛不愛台灣？筆者無意替人打抱不平，只是想說明一項事實：一旦涉及到政治，省籍問題就跟著發酵。其中原因，誰也無法說清楚、講明白，因為它根本無解，只有迴避。而最好的迴避方法，就是在「多數統治」的原則下，少數的外省人退出政壇，讓本省人士把台灣治理好，大家都可跟著過平安幸福的日子。

台灣這十多年來的內鬥，把國家資源消耗得太多，實在需要一個團結、安定的建設環境。至於外省人退出政壇，政局是否一定會平穩進步，那就是另外一件事了。

（二〇〇〇年一月號《遠見雜誌》第一六三期）

11 讓民進黨執政，以救台灣

民進黨如在野，台灣內鬥不止，必將走向衰亡。

學生以反服貿之名攻占立法院，不僅國會癱瘓，實際上整個國家的運作都幾近停頓。各方對起事者批評有之，勸勉有之，抗爭亦有之，都希望「運動」早日結束。

其實，即使這回「太陽花」收了，國人也不要高興太早，以後還會有別的事件，台灣不會安寧。因為台灣政局操在民進黨手裡，民進黨一天不執政，就一天不會停止鬥爭國民黨，台灣就會繼續陷於內耗，國家元氣日損，經濟景況日差，人民生活就會日走下坡。這是二十幾年來的歷史經驗，聽聽管中閔說「四小龍早就沒了」就可證明。再看看博鰲論壇和洛桑管理學院最近公布的國家競爭力評比，台灣排名都連年下滑。有人認為這次學運是年輕人對國家前途的集體焦慮，更足證明台灣政爭惡果之嚴重。

學運以來，各方撰寫文章，發表談話，說情論理，都「垂泣以道」夠多了，現在不妨提出一個具體建議：讓民進黨來執政。依個人所見，這可能是短期內救台灣的最好藥方。

這不是隨興發言，也不是反話、氣話，而是出自肺腑的一貫真誠，有筆者過去的文章紀錄可為覆按。

郝柏村於一九九〇年六月組閣，在野人士以反對「強人」為名，行族群分化之實，其間鬥爭之慘烈，政局之動盪，前所未見。筆者撰文〈請外省政治人物全數退出政壇——讓國家問題不再被「省籍情結」遮掩〉，刊於一九九三年二月號《遠見雜誌》。我指出，「台灣是全體同胞賴以安身立命的家園，如因少數人參政的原因而導致社會不安，誠非大家之福。」

二〇〇〇年宋楚瑜競選總統，又掀起政壇的狂風驟雨，舉國震動。筆者又撰文〈再請外省人退出政壇——在「多數統治」的原則下，致力政局安定〉，刊於是年一月號《遠見雜誌》。我說，「外省人可從事千行百業，不一定非從政不可，若是他們退出政壇，使台灣內部能減少爭論、紛擾，國家可在安定中求繁榮進步，則他們在這方面的『貢獻』，可能比從政來得更大。」

筆者的主張，一方面可能被視為「離經叛道」，另一方面參政權是憲法所賦予，我的建議對想從政的人是褻瀆與僭越。但現實是很無奈的，宋楚瑜競選到現在十四年了，社會的撕裂，政治的搏殺，不僅迄未稍戢，而且從社群的範圍深化到反國民黨和反中國大陸。把國民黨和大陸扣在一起，則台灣的政局之結就更難解了。

我認為，挽救之道就是讓民進黨執政，由他們挑起擔子去應對大陸、日本、美國以及國內的經濟、社會和民生諸問題。若繼續像目前這樣，國民黨不能做事，民進黨不負責任，無異驅全體人民入死胡同。

在目前的憲政體制下，國民黨無法把政權轉移給民進黨，兩黨不能私相授受。當然馬英九總統可以辭職下野，但繼任者是副總統吳敦義，還是國民黨。馬總統也許可以考慮，提名一位民進黨人士擔任行政院長，行內閣制，把國防、外交和兩岸的權力也交給他，總統只居「虛位元首」，民進黨在全面執政下，就必須全面負責，應該不再撒潑胡鬧，國家也許可以安定下來，認真從事建設。只有台灣身強力壯，才能應付來日困局。如果此議不可行，那麼等到二〇一六年大選時，希望選民能為台灣前途著想，投民進黨一票。我對民進黨的執政能力心懷憂慮，但是他們不執政一定千方百計整垮國民黨，結果也把台灣一起毀滅。凡明理之人，都知兩害相權取其輕也。

讓民進黨執政這樣的倡議，應可得到統獨雙方人士的贊成與支持：

以言獨派：民進黨執政有「獨立建國」的希望。若能成功，且能存活，對全體生活在台灣的人民來講，有何不好？

以言統派：國民黨執政，怕戴上「親中賣台」的大帽子，絕不敢與對岸坐上談判桌。民進黨執政，才有膽量、才自覺有正當性與大陸談統一條件。君不見若非「反共」的尼克森進了白宮，美國還不知何時才會向大陸伸手呢！

文章結束前要回答一個可能有讀者提出的疑問：馬英九當選總統且獲連任，省籍地域云乎哉？不錯，這是選民的民主水準。問題是民進黨不擇手段的政爭，讓國家沒有休養生息機會。而選民對民進黨這種為政作風，似乎不願或無力約束。讓其執政，乃釜底抽薪之道。國民黨在野，比較能遵守憲政運行規則，有陳水扁八年任內的實踐過程為證。等台灣民主政治更成熟了，兩黨輪流執政也許就是人民之福了。

（二〇一四年四月八日《聯合報》）

12 「三母論」：生母、養母、婆母

我這一代「外省人」的幸福與悲涼。

我和內人都出生在中國大陸，她比我小幾歲。我六歲時即「參與」抗日戰爭，她六歲時差不多已躬逢其「勝」。

勝利歸勝利，我們仍無法還鄉，因為內戰又開始了。大江南北，災民遍野。我隻身離家，當了流亡學生，到台灣「改行」當兵，退伍再回學校。她因有父母照料，按部就班讀了書。我們在台灣住了一甲子，其間因工作關係，在美國生活了將近十年。

不必等到有人挑戰我的身分認同，很多時候我自己也迷惘：我究竟是哪裡人？以出生地為準，以居住時間的長短為準，還是工作過的地方都算？

內人似在安慰我，也像自解：「大陸是我們的生母，台灣是我們的養母，美國是我們的婆母，我們有三位母親。」這話倒也全非「比擬不倫」。

母子是一種血緣，剪掉了臍帶也剪不斷一世的生死纏綿。「建安七子」之一的王粲，山東人落魄湖北，客久思歸，公元二〇四年登樓作賦：「人情同於懷土兮，豈窮達而異心。」這就是為什麼澎湖人在高雄發了財要回老家買田，彰化人在台北賺了錢要回故里置產。「大陸移民」回鄉探親、掃墓，其情一也。

人情同於懷土，固不以窮達異，也不以中外異。湯瑪士・傑佛遜當了美國總統，也創辦了維吉尼亞大學。他遺願後人不必記住他曾是美國元首，但請記得他是維大創辦人。這固然是傑佛遜薄政治而重文化，但他似乎更願把自己奉獻給養育他的故鄉。

一九八九年我首度回大陸。各地人對「台胞」都很熱情，但待你總像「客人」，甚至像「外人」，因為你必須使用「外匯券」，你沒有「單位」的「介紹信」，買火車票和飛機票都有困難。

我也恰好碰上「六四」。看著數萬名學生遊行走過天安門廣場，高呼「反官倒」等口號，我為報館寫了一篇通訊〈長安大街那一頭會有民主嗎？〉遙想一九一九年的

「五四」，北京的學生也是這樣遊行的，也是這樣吶喊的。但「六四」的結果與「五四」不同，對一個遠地歸來的「遊子」，在理性與感性上都是考驗與折磨。

大陸走過動盪不安，全方位發展，終於崛起。兩岸三通也開了新局，台灣每年從大陸賺七百億美元。第四次江陳會為簽署ECFA（兩岸經濟合作架構協議）鋪路，在野人士「照例」抗爭，甚至也「照例」流血。其間固有政見上的差異，但恐怕有更多「族群」與「省籍」的扞格。

早年的台灣，似乎沒有什麼畛域之分。一九六〇年代，台灣人民很難出國，外匯又管制，報館要派一位特派員長駐美京華盛頓，那簡直是石破天驚的大事。報館千挑萬選，選了一位「本省籍」的同事，大家都為他高興。這種例子，還不只一樁。

再拿我個人家庭來說，兒子娶了一位高雄小姐，賢慧能幹，是我們在台數十年最大收穫之一。

不知從何時起，人與人相處有了雜音。甚至什麼「香港腳」、「中國X滾回去」、「太平洋又沒加蓋」等不堪的話都出了口。這雖然只是少數政治人物的私心與短視，但承受者總是點滴在心。

有些「外省人」覺得半生奉獻斯土，仍被視為「非我族類」，傷心之餘，移民美國去也。不過以我的經驗，華人在美國，生活內容、交往範圍仍多限於華族社區。美國雖是種族歧視最少的國家之一，但你還是「外國人」，很少能打進美國人的圈子。在那裡，你可以安身，但不能立命。連楊振寧、陳省身、李遠哲恐都未曾例外。我們何其有幸，有個台灣可以「回來」，畢竟我們是吃她的米、喝她的水長大的人。我們記得，她也記得。

唐代詩人賈島有一首〈渡桑乾〉的詩：

客舍并州已十霜，
歸心日夜憶咸陽。
無端更渡桑乾水，
卻望并州是故鄉。

住在山西太原已經十年了，賈島心裡常想著要回陝西咸陽。等到有一天渡過桑乾河，這才發現，早已把太原看成故鄉了。

像我這一代的「外省人」，漸入老境，他鄉日久是故鄉，早已沒有、也不重視「落葉歸根」這類想法，現在更以「三個母親論」自寬自勉。唯願母親們和睦相處，使子女自由探省沒有為難之嘆。

在我老家北方，母親是「官式語言」，我們人前人後都叫娘。娘，不只是親熱，更是心、血、肉相連的那種疼，那種難捨難割。如果「三位母親都是娘」，我們是天大的幸福。若是「三位母親無一娘」，那就是人世難堪的悲涼。

（二〇一〇年一月二十一日《聯合報》）

13 台灣能有「好人政治」嗎？

答案是不太可能。因為很多好人不敢出來，出來也多半選不上，選上了也難以存活。

經濟向下沉淪，失業向上提升，天災人禍不絕如縷，老百姓的日子本來已經不好過了，偏偏又逢選舉，政局凶亂逾於平時。國會之中有「老大」搞「貓鼠大戰」，競選台上有「大老」喊「外來政權」；這邊是橫眉豎眼，那邊是切齒咬牙；這邊是口水漫天飛舞，那邊是髒字全部出籠。人民無所逃於天地之間，痛心疾首之餘，街談巷議每聞祈求「好人政治」之聲。有些候選人也標榜自己為「好人」，呼籲選民「把好人送進立法院」、「讓好人出頭」。

在中國近代政治史上，「好人政治」這個詞，似乎是胡適最先倡導的。一九二一年（民國十年）八月五日，胡適在安徽安慶演講，提出「好人政府」的口號。所謂好人政府，依他的說法，就是把一班好人組合起來，去幹政治，所以也稱「好人政治」。胡適後來進一步解釋：「我們理想中的好人，至少有兩個方面，一是人格上的可靠，一是才具上可以有為……。進可以有益於國，退可以無愧於人……。」

到了一九二二年（民國十一年）五月十一日，胡適草擬〈我們的政治主張〉宣言，正式向社會公開「好人政治」的具體內容。連署發起的有十六位「好人」，包括蔡元培、王寵惠、羅文幹、湯爾和、陶行知、王伯秋、梁漱溟、李大釗、陶孟和、朱經農、張慰慈、高一涵、徐寶璜、王徵、丁文江、胡適，自都是一時俊彥的「好人」。

五月間發表〈我們的政治主張〉，八月間三位簽名的「好人」就進入政府。王寵惠組閣，湯爾和任教育總長，羅文幹任財政總長，「好人政府」已具雛形。胡適高興的說：「雖不能做到清一色，漸漸趨向湊一色了。」可是內閣與國會不和，鬥爭結果，王寵惠敗北，內閣十一月總辭，「好人政府」只維持了三個月。

今天在台灣，儘管還有人嚮往「好人政治」，但多半無實現之可能。首先，台灣的政治環境污染太甚、太久，「適者生存」的「社會達爾文主義」在此最為合用。空有理想而不願同流合污的人，跳進這個染缸只有白白犧牲。所以，很多「人格上可靠，才具上有為」的「好人」，聞政治而色變，避之唯恐不及，結果就是「劣幣驅逐良幣」。

即使有些「好人」秉持「以天下國家為己任」的知識份子的懷抱，「冒險犯難」的跳出來從政，他們到哪兒弄選票？他們不會說大話；不會罵人；不敢亂開支票；沒有樁腳；募款餐券不要說一張五萬元，就是一張五百元也沒人買；雖然滿心愛台灣，但拿不出證明書來……。這樣的「好人」，選得上嗎？

就是上蒼見憐，有些「好人」居然當選而進入政府，「不幸」做官無道，消極的不能與他人「有富同享」，積極的不會「黨同伐異」消滅敵人，被打擊、排擠和醜化的結果，最後只好知難而退。當大家對「好人政治」愈來愈渴望，就表示政治沉痾愈來愈嚴重，也就愈難撥亂反正，「好人」愈難出頭。

「好人」出頭取決於選民。但眼前的「壞人」哪個不是民眾選出來的？很多選民分不出「好人」與「壞人」，或無意分出「好人」與「壞人」，這是死結。

台灣的政治，恐怕還要在這種弔詭、矛盾中繼續惡化下去。

（二〇〇一年十月二十一日《聯合報》）

14 盧梭仍在找尋一個好政府

當我們有一個差勁的政府時，我們必須忍受它；但問題是，怎樣才能找到一個好政府。

由於在野黨立法委員的杯葛，立院各項待審法案都動彈不得。民進黨立院黨團負責人周伯倫不久前咬牙切齒地說，他們也要加入「反對」的行列，「要死就一起死！」民進黨執政一年來，不知是還沉醉於過往的勝選風光中，還是又已開始競選連任，只聽見幾位領導人天天發表競選演說式的言論，句子裡滿是「名詞」和「形容詞」，卻對建設國家甚少實際作為。好不容易等到周伯倫一句有「動詞」的話，卻是

「要死就一起死！」

「一起死」，誰跟誰「一起」？民進黨跟國民黨「一起死」，還是再加上親民黨，還是各黨各派一網打盡？周伯倫雖未明說，但言下之意，可能也要老百姓「一起死」。即使他並無此心意，但若各黨立法委員抱著法案「一起死」了，老百姓想不跟著「一起死」也不可得。只是，人民為什麼要跟著「一起」陪葬呢？

不錯，立法院的表現，實在不能叫人滿意。可是沒有法子，國會是民主政治制度性的設計，在別的國家多半做得很好，到台灣就變了樣子。要怪就怪中國人的水平不夠，還不配享受民主生活，不能只怪由人民選出的立法委員。即使要怪立委，也不能只怪當前在野黨立委，從前民進黨在野時，不也是這樣杯葛執政的國民黨嗎？陳水扁曾以文件投擲郝柏村，張俊雄打了梁肅戎一耳光。上個會期在野聯盟把今天的行政院長張俊雄列為不受歡迎人物，民進黨當年則不准行政院長連戰進入立法院。但是那時當家的國民黨，還是要張羅人民大眾過日子，不曾撒手不管。民進黨既然爭著要為老百姓服務，接受了人民的委託，怎麼能要大家「一起死」呢？

民進黨執政不過一年，結果是政局動盪，經濟衰退，企業出走，失業率升高，如果再不及時努力，老百姓跟著「一起死」的日子實在不遠。若是在野黨真的百般掣肘，使民進黨無法推展施政，那就把具體事實告訴老百姓，年底立委選舉時，自然會還主政者一個公道。民進黨赤手空拳時，就能用選票把執政的國民黨打垮，現在自己執政了，龐大資源在握，還怕選不過在野黨？不過，若是因為自己能力不夠，又不虛心，把國政弄壞了，人民眼睛雪亮，也不容許執政者把責任推給在野的人。

面對台灣當前的困局，不由想到一位先哲說過的話：「當我們有一個差勁的政府時，我們必須忍受它；但問題是，怎樣才能找到一個好政府。」這是盧梭在《社會契約論》裡的話。此書發表於一七六二年，距今兩百四十年了。那時盧梭不知怎樣才能找一個好政府，現在我們仍然不知道。

（二〇〇一年六月號《遠見雜誌》第一八〇期）

15 國家不能訂製人才

而立法院偏又是人才的集體屠場。

陸以正大使當年任職新聞局，參加副總統兼行政院長嚴家淦主持的一項會議，討論一樁人事案。與會者有人認為，任此職者應具備甲條件，有人強調乙條件，自然還有人指出丙、丁等等各條件。

發言盈庭之後，嚴院長笑笑說，這樣的人恐怕找不到，只能去訂製。陸大使以蘇州話學當時嚴氏的口吻，顯得既溫柔又堅定，既風趣也嚴肅。

政府是一個龐大的機構，需要很多人來服務公眾。這些人不可能皆為聖賢，在選擇上，大奸不可容，小過不可不容；若容大奸則亂朝政，不容小過則無完人。

滿清末季，內憂外患，國事艱危之亟。當時名士龔自珍賦詩感嘆：「我願天公重抖擻，不拘一格降人才。」不拘一格，自然可指不必倚仗科舉考試等不切實際的甄選制度，但也不無不要太苛求、太挑剔的意思。

當年的台灣，被指為「威權統治」，但人才鼎盛，也能讓他們放手做事。不然怎麼會有尹仲容、李國鼎、孫運璿、趙耀東這批政務官？又怎麼會成就「台灣經驗」和躋身「亞洲四小龍」之列？或曰，儘管如此，當時國會的民主監督力量總嫌不夠，不過國民黨籍的監察委員不是彈劾了同黨的行政院長俞鴻鈞嗎？蔣經國院長不是親向「黨外」立委康寧祥請益嗎？體制雖未盡完備，但有一批真正愛台灣、愛人民的公務員，把國家治理得有模有樣。

現在國會也監督政府，監察院因「八八風災」糾正行政院，並批評馬總統親自站上第一線指揮救災是破壞指揮體系。話很對，但稍嫌風涼。馬英九當選後就聲明要居第二線，也不兼黨主席。這本為恪守憲政的元首應有之義，但大家批評他「不沾鍋」，責他做事沒魄力。風災當天他沒趕到災區，就被嗆聲了。嚇得吳敦義在接任閣揆當晚就到災區住宿，久久不敢回台北。救災也許是一特例，看看這些首長平日的行程，他們幹縣長、鄉長的事都忙不過來了，哪還有時間思考國家的大政方針？

為什麼會這樣？因為要作「勤政愛民」狀以討好國會和選民也。民眾嗆聲還有個限度，立法委員逞凶鬥狠的作秀，則有正人君子所不可忍受者。外國媒體曾指台灣的立委「無法無天」（lawless），我們看還不僅如此，某些立委言詞粗鄙，動輒拍桌子、摔茶杯，斥官員如斥自家小廝，簡直是尚未「文明開化」之人。這次內閣改組，府院招才，很多人婉謝，都是不願面對立法委員。最近文建會主委黃碧端辭職，中研院副院長劉翠溶淚灑議場，都是明證。內調回來的外交部政次沈呂巡是少見有guts的人，初臨立法院就把立委頂回去，頗有「大臣」的膽識。但面對一群少理性的人也就無理可講，第二次再進立院，只能被迫妥協。

邱吉爾一九四三年十月十三日在下院發言說：「人人贊成言論自由，幾乎沒有一天不讚揚它。不過有人的想法是，他們可以暢所欲言，但如果有人回嘴，那就是侮辱。」邱氏能成為名相，又得諾貝爾文學獎，不是偶然。不過他的這番話只能在有教養的英國下院說，若敢在台灣的立法院如此「撒野」，早被男女立委們拳打腳踢轟出去了。

我們的立法院看不出對行政部門有什麼監督功能，他們一方面向行政院要求分贓資源，一方面又破壞和阻礙憲政運作。最嚴重的是，他們殺戮和埋葬了很多人才，倖存者也被弄得神經衰弱，每不敢抬頭挺胸做事，使國家政務欲振乏力。

嚴家淦泉下有知，今天也許會意識到，為國家訂製人才之前，先要訂製一批學校教育和家庭教育都及格、能自重自省的立法委員。

（二〇〇九年十二月十日《聯合報》）

16 人才的「國家觀」與「國際觀」

孔子說的，新加坡做的，都可教育台灣。

建設國家而使之富強，非人才莫辦。這是常識，不是知識。但這種常識往往被忽視，甚至被蔑視。否則歷史上哪有那麼多治亂隆替之事？

人才對小國尤其重要。蓋彈丸之地，資源必少，生產必薄，唯集聚人才始能創新、突破。以台灣和大陸最喜取經的新加坡為例，面積和人口只相當於台北市，但是它以開放的胸襟，迎接八方人才來歸；因人才充分又使外人願意投資，乃使這個花園城邦透過多元化和國際化不斷成長，二〇一〇年的平均國民所得為三・七萬美元，台灣明年才可望到兩萬美元。

得過三次普立茲獎的美國專欄作家湯馬斯・佛里曼，二〇〇五年出版一本舉世注目的書《世界是平的》，意謂世界既被抹平，資源流動快，競爭力不會永遠居於一地。今後國家間對人才的爭取將更激烈，那就真所謂「得人者昌」了。

歷朝歷代的中國，不論其重視人才的程度如何，至少有很多討論人才的文獻。大家首先想到的大概是秦朝李斯的〈諫逐客書〉，他警告趕走各國客卿菁英，是「逐客以資敵國」的不智之舉。

早於李斯的孔子，就對人才一事有深遠的看法。根據《孔子家語》所記，楚共王出去打獵，丟失一張弓，侍從們要去找回來，共王制止說，楚人丟了弓，拾得的還是楚人，何必找呢？「孔子聞之：『惜乎其不大也！不曰人遺弓，人得之而已，何必楚也？』」以一般標準來看，楚共王認為，弓為另一楚人所用，並未失去它的價值，何必非我所有不可？這種胸懷已經不錯了。但孔子仍「惜乎其不大」，覺得世上任何人撿到，意義都一樣，只提楚人，眼界就未免狹隘了。明朝蓮池大師在《竹窗隨筆》中評價說：「楚王的楚弓楚得乃是滄海的胸襟，孔子的人弓人得乃是天地之度量。」

近年來台灣人有眼福，畢卡索、梵谷、夏卡爾的畫作，都來展覽。文化名士蔣勳說，畢卡索是西班牙人，梵谷是荷蘭人，夏卡爾是俄國人，他們都到巴黎學藝、定居、成名。法國接納他們，包容他們。現在他們的名作都留在巴黎，世人幾乎都以為他們是法國人了。法國人什麼都沒做，只是以開放的態度把他們留下，就賺了巨大的文化財。

患了「政治偏食症」的台灣，對人才不僅沒有「世界觀」，也沒有「國家觀」，有的只「地域觀」或「黨派觀」。初次政黨輪替，陳水扁任唐飛長行政院，各方叫好，認為藍綠共治，國家有福矣！誰知五日京兆，原是玩假的。馬英九以陸委會委賴幸媛，綠營責賴「叛逃」，藍營疑其「奸細」，馬兩面不討好，連「想當全民總統」都成了一項罪名。

世界都已經是平的了，台灣還處處築堤設欄。台胞可去大陸投資，但陸資不能來台。大陸延聘台灣的教授和運動員，但大陸人士不能來台就業。就連最能促進兩岸和平發展的陸生來台就學，都有極不合理的嚴苛限制。佛里曼《世界是平的》第五章的標題是這樣的：「相信開放，別以為壁壘有多少幫助。」

（二〇一一年七月七日《聯合報》）

17 怎樣搶救立法院？

院士的處方只可強身，選民的監管才能治病。

中央研究院召開兩年一次的院士會議，鴻儒碩彥的院士們，憂心立法委員和電視政論名嘴的表現，認為他們的吵鬧謾罵，已達「羞辱人的地步」，甚至違法，對民主政治的運作及公民社會觀念的建立，有負面影響，因此通過提案，希望各界正視，同時建議行政部門在中小學加強人文教育，裨將來能建立富而好禮的公民社會。

對此我們要確立兩點認識：其一，立院自非一無是處，但瑕已掩瑜，不可再姑息縱容；其二，雖同屬「亂源」，惟立委是「主犯」，名嘴是「從犯」，應有輕重之分。

立法委員的職權有三，即立法權、預算權和質詢權。西方民主先進國家的國會議員，特別重視前兩項，蓋立法權在建立國家制度，是民主政治運作的基礎和規範；而預算權更是議員「替納稅人看緊荷包」的「經典性」職能。

但台灣的立法委員卻是「頭輕腳重」。對立法工作是極端懈怠，等到休會的前一天晚上，才挑燈夜戰趕業績，常一口氣通過數十百件法案，立法品質就可想而知了。至於預算審查，據說很多立委根本看不懂預算書，也沒意願去讀那麼厚重的一大本「天文數字」，除了要給本選區或個人利益攸關的機關爭分配額之外，其他隨便刪一、兩筆小數字意思意思就過去了。

立委們真正「認真執行」，而又興味盎然、全神貫注的，是質詢權。他們一站上質詢台，一面對電視機，聲音立即就高八度，喝斥政府官員如責罵自家小廝。別提髒話、粗話等語言暴力了，就是肢體暴力也不罕見。前立委朱高正是跳上主席台拔麥克風的「先行者」；前立委陳水扁以厚重的預算書投擲當時的行政院長郝柏村；前行政院長張俊雄在任立委時，更跑上主席台掌摑院長梁肅戎。

有人說，當時是反抗威權體制，不得不以激烈的言辭和手段來引起社會注意。但是總統直選之後，政黨輪替之後，立法院不照樣有「三寶」，照樣打架、罵人？就在前些天，新任外交部長歐鴻鍊到立法院備詢，立委拉住不讓他走，幾乎把他的西裝上衣都扯掉了。

中研院這個提案，據報導，人文組召集人金耀基是主草人和領銜人。在學術上，金院士研究重點是中國的現代化，他當然知道，一個與文明有距離的國家是不可能現代化的。這位從台灣去香港的學者，對「故國」的關心和憂心情見乎辭。

立法院的「反文明」現象，早就有人注意到、討論過。很多人寫過文章，提過呼籲，剴切建言，但好像沒有得到什麼反應。院士們提案從公民教育入手，是培元固本之道，收功在未來；只是立法院在國家的體制和體質中太重要了，卻不幸身染痼疾，「公民教育」那味藥已緩不濟急，最直接有效的療法，應是由選民親自望聞問切，對症下藥，必要時不惜開刀除瘤。

立法委員之所以敢肆無忌憚的胡來，眼中只有政敵，沒有百姓，只有黨，沒有國，主要原因是，他們任期有保障，權力無制衡。一旦當選，即使幹得再爛，還沒聽說有人在中途被罷免過；而立委「位高權重」，行政官員固然畏懼，連院士提「糾正案」都只敢泛指議會，不敢明言立法院，怕將來預算送審會受到刁難。至於某些不知自重的媒體，早跟著立委同流合汙，不能善盡監督責任，只好眼看立法院「坐大」。

改進之道，在寄希望於選民。立委欺選民不了解他們的工作實情，又是一盤散沙，不能「團結就是力量」來監督他們。如果同被院士指責的媒體，能知所悔改，負起責任，認真而公正的報導立委的問政成績，讓選民在下次連任投票時有所選擇，且又有人領導把民眾組織起來，像教育界組成「搶救國文行動聯盟」那樣，成立一個「搶救立法院行動聯盟」，做上一、兩年，相信會收到效果。

問題是，怎樣開始「行動」起來？

（二〇〇八年七月十日《聯合報》）

18 誰來罵立法院可恥

他們罔顧國計民生，視重要法案如草芥。

今年四月十七日，美國參議院未通過行政部門所提《槍枝管制法修正案》，總統歐巴馬當天就在白宮舉行記者會，痛批參議員不顧那些槍枝暴力受害者和家屬的權利，為選舉考量投下反對票，「這是華府最可恥的一天」。

美國槍擊案，尤其學校槍擊案，年有增加。較重大的如去年十二月十五日康州一小學凶案，死亡二十八人，其中二十名是五至十歲的孩子。再如二〇〇七年佛州理工大學的案件，死三十三人。根據彭博網日前的報導，去年全美槍擊案造成的綜合損失，是一千億美元。

歐巴馬在八成民意的支持下，提出槍枝修法案，還不是要禁槍，只是規定網路買槍要接受背景調查，以及禁售火力強大的攻擊性武器而已。但是在《全國步槍協會》龐大的財力和人力的遊說下，參議院將之封殺。

歐巴馬斥責這是「可恥的一天」。誰可恥？當然是參議院，是那些投反對票的參議員。表決當天在議會旁聽席上受害人家屬，就不像歐巴馬那樣注意修詞，他們憤怒的指著參議員叫罵：「你們可恥！」

如果美國參議院這樣就叫「可恥」，則我們的立法院尤有過之，「可恥」之事正多。

立院本會期昨天休會了，但行政院送請審議的優先法案，幾乎原封不動的躺在那裡，包括核四公投、年金改革、證所稅、兩岸互設辦事處、反媒體壟斷、公債法、財政劃分法、公視法、不在籍投票、濕地法、陸生納健保、十二年國教配套、政府組織改造和國營事業預算等等。這些法案，或關係中央政府施政，或關係五都及各縣市債限和財源分配，或關係國家百年樹人的教育大計，或關係兩岸交流互動及和平發展，立法委員統統不當一回事，休會放假去也。

大家都說經濟很「悶」，行政院長江宜樺指「關鍵就在證所稅」，馬英九總統也促

「速戰速決」，立法院仍不予處理。國民黨團的「底線」是六月臨時會完成修法。

令人不解的是，立法院平時只會杯葛、吵鬧，霸占主席台，羞辱政府官員，密室協商，八個委員會國內外考察一百六十二天，但就是不開會談正經事。會期還沒結束，就定下六月和七月各開一次臨時會。想想看，開臨時會，立法委員、職員要總動員，要有多少額外開支，政府官員要額外花多少時間，「『臨時』抱佛腳」的種種耗費，包括政治、經濟和國家發展的各種有形和無形損失，最後都由人民概括承受。我們的國際競爭力從全球第七重跌到第十一，多半是立法院的「貢獻」。

美國參議院只是一次修法的不符民意，就被罵「可恥」，我們的立法院幾乎每年都如此，每法案都如此，豈不是比人家「可恥」多多？但誰來罵他們「可恥」？

馬英九總統嗎？說他「溫良恭儉讓」也好，說他「膽識不足」也好，反正他不會吭聲的；

行政官員嗎？以我們立委的素質和素行，官員批評立委再進立法院還能活嗎；

以「第四權」自許的新聞界嗎？這樣的媒體已經不太好找了；

有「社會良心」之稱的知識界嗎？多數都大隱隱於書齋了；

是手握選票的選民嗎？對這種現象，一部分人私心竊喜，一部分人漠不關心。

看樣子，立法院這種玩忽職守、目無人民的作風與習氣，大概是改不了了。換言之，也就是要一直「可恥」下去了。

可是我們是一民主法治國家，我們選出的立委，竟然任其為所欲為，禍國殃民，頭家不能監督匡正，嚴格說來，是我們自己「可恥」啊！

二〇一三年六月一日《聯合報》

19 請王金平離開立法院

台灣前途比任何政黨和政治人物重要。

兩年來，筆者已三次投書「民意論壇」，明言應更換立法院長王金平。我甚至建議，必要時國民黨可開除王金平的黨籍，使他失去不分區立委的身分，則院長職務自然解除，立院就可選出新院長來。

我這樣的「鍥而不捨」，是不是與王金平有何仇怨？我可負責任的回答，除了在大庭廣眾的公開場合見過王院長之外，我和王先生無「一面之雅」。但做為一位國民，我覺得立法院快把國家拖垮了，而其中最關鍵人物是王金平院長。

王院長個人行事作風是否鄉愿，甚至他這回有沒有涉及司法關說都非我最所關切者，但是他使立法院立法怠惰，違背了憲政的職權，阻礙了國家的建設發展，這才是台灣的大患。

曾任國家安全會議祕書長的蘇起，也曾做過一屆立法委員，他於二〇一二年九月六日在聯合報發表〈台灣民主的反思〉一文，其中以很長篇幅檢討立法院。他認為「立法院的問題罄竹難書」，「它是全國最沒有效率的機關之一」，「許多不合時宜、封閉保守的法條繼續綑綁住政府和人民」，「它有一個全世界獨一無二的制度『朝野協商』，參與協商的立法院長及政黨代表就一直掌握大部分法案的生殺大權，其中任何一人都有立法案的實質否決權。許多法案，常常沒有經過全體立委投票，甚至不知情的情況下，就在朝野協商的密室中通過。」「最特別的是，每個政黨，不論立委人數多寡，一律平等參與，都只有兩名代表，亦即，在立法院一一三位立委中人數高達八十一（上屆）或六十四（本屆）位立委的國民黨，在密室中與總數只有三位委員的少數黨同等分量」。

如果不是深知內情的蘇起說出來，我們可憐的選民還以為我們選出的立委都有機會在立法院為我們的權益發言和表決呢！那些投國民黨票的選民更冤枉，他們把國民黨以多數黨送進立法院，本希望循民主政治的制度，讓這些委員能表達他們的民意，結果多數黨與「三人黨」無異。

這些情形，王金平院長能辭其咎？他涉嫌關說司法固然嚴重，但他「涉嫌」玩弄朝野政黨，以犧牲國家利益為代價，以成就其個人的權勢與聲望，難道就不要追究其政治責任？

台灣之亂，國人之煩躁失望，泰半肇因於政治和稀泥、無是非。開刀治病也許需要一段時間復元，但不開刀卻可能致命。

王院長的去留，必須在台灣前途的整體利益下來考慮。

（二〇一三年九月九日《聯合報》）

第二部

政客收買選票，百姓零售國家

政客們拿納稅人的錢買納稅人的票，並留下極大的禍害給他們及他們的後代。而很多納稅人還沾沾自喜，以為占了便宜。

1 改革必消耗於內鬥？

大陸十年文革，台灣十年政爭，對好山好水好人民，為政者究竟為什麼要這麼折騰？

一八九四年國父孫中山先生以「興中會」開始革命運動，到現在一百年了。一八九八年康有為和梁啟超兩先生協助光緒皇帝經營變法改革運動，到現在也一百年了。對於中國和中國人來說，革命和改革哪一條路更合適？有些歷史學家正在做歷史的回顧與反思。

專攻思想史的中央研究院院士林毓生教授曾說，「革命」比「改革」容易，因為革命是推翻別人的政權，改革則多屬削弱自己的權力，後者比前者需要更多的智慧和勇氣。他還指出，改革之所以失敗者多，主因是耗於內鬥。

林先生的話或可以做這樣的理解：在體制內改造，牽動各方面利害，與事者理念、意見不一，寖假由主張之爭而演變為權位之爭，龍虎相搏，你死我活，功業未竟而兵疲師老、山河凋敝，留下的苦難只好由全體百姓「概括承受」。

這話印證於近代的中國，大體有脈絡可循。中共於四九年「革命成功」，除台灣之外，廣土眾民盡入版圖，外則國際多表同情支持，內則百姓渴望休養生息，實在是「建國」的大好時機。但是領導人現代知識甚少，權力慾念甚重，視國事為一黨之事，視黨事為一己之事，予智自雄，隨心所欲，一波又一波的各種運動，把國家折騰得遍體鱗傷。尤其長達十年的文化大革命，使政治體系瓦解，經濟結構癱瘓，國民精神崩潰；其貽害之深遠，即使到現在，還不能說已完全復元。我們在「鐵幕」之外的人，當時目睹文革，現在回想文革，仍舊不能瞭解：怎麼會發生這樣的事？中共的領導人究竟想些什麼？他們對國家、人民和歷史難道沒有責任感？

同樣的，這樣的詰難也可適用於台灣。蔣經國總統於一九八八年逝世，大體留下一個比較安定的社會環境，和相當堅實的經濟基礎。再輔以解除黨禁和報禁的內部民主條件，開放大陸探親往來的兩岸緩和關係，繼任的班底，只要正心誠意，穩健經營，憑我們台灣人民的認真與勤奮，憑我們亞洲四小龍的實力與地位，憑我們與世界一百多個國家的經貿外交，台灣求生存、求發展應該沒有問題。至於國家前途是獨是統，似乎用不著操之過急。

可是我們並沒有珍惜這種不錯的環境與條件，世代剛交替，政爭即開始。既要爭權，必然結黨；於是金權也，黑道也，派閥也，統獨也，憲政體制也，問題一波波而來。由於領導人的堅強性格，更挑動台灣前途最凶險的環結——兩岸關係。外交的翻騰加上內政的紛擾，這幾年來，台灣可以說沒有過多少安寧的日子。

當然，台灣可以挑出民主的大旗，為我們近年的腳步能契合時代潮流而感到自豪。但追求民主政治只是手段，提升人民的生活素質才是真正的目的。但是看看台灣一些最基本的生活環境指標，空氣、水、食品衛生、交通、公共安全、社會秩序，都是一天不如一天。更堪注意的是，台灣賴為生存發展基礎的經濟建設，也有下滑的趨向，而政府財政惡化，失業率增加，出走移民日眾。凡此種種，都是令人憂心的現象。

憂心的人雖然不少，但公開批評、建議的人卻不多，因為那樣有可能被貼上兩個標籤：

第一個標籤是「拒絕改革」。改革若能造福國家社會，黔首百姓雖然愚魯，哪有把自己的利益往外推的道理？就怕政治人物假改革之名行私心之實，以「拒絕改革」的大帽子逼迫人民接受其理念與做法。

第二個標籤是「不愛台灣」。住在台灣的人，生於斯、長於斯，家庭在此、財產在此、事業在此，不愛這兒愛哪兒？大家都為台灣的前途福祉打算，不過有人急功近利，有人看得遠一點，如是而已！

國家政務固然千頭萬緒，最重要的綱領是「治大國若烹小鮮」。魚要慢慢煎，若是為顯「廚藝」而不停的翻動攪和，最後會只剩下一堆魚渣。「經營大台灣」亦應做如是觀，不管台灣有多「大」，也禁不起過度的折騰。

改革必耗於內鬥？希望這不是歷史的必然。

（一九九七年一月五日《聯合報》）

2
「政黨政治」與「我黨政治」

民進黨挑剔龍應台球鞋的背後用意。

作家龍應台入閣掌文化部，認識她的人對她的學養能力都有信心，但擔憂的是立法院這一關。因為這個機構是中華民國最沒有「文化」的部門，那裡的人，很多是意念浮躁、言行粗鄙，常假民主政治之名，阻礙和謀殺民主政治，以遂其一人一黨之私。其手段之一是羞辱和凌遲政府官員，使其難有作為，甚至憤而去職；手段之二是封殺法案，癱瘓行政部門，以嫁禍於執政者。

「新官」龍應台在國會的處境，被大家不幸猜中。一進立法院，就被民進黨立委圍攻，有人「質詢」她不該托腮，有人「質詢」她不該穿球鞋。

文化部不僅是一個新機關，而且是三皇五帝以降第一個主管文化業務的機關。凡政策也，預算也，人事也，多少事情值得我們「民意代表」關心，但這些人卻是不問蒼生問球鞋，而且問得理直氣壯；而這種「問政」方式與內容，民進黨立院黨團和黨中央竟未置一詞，而他們選區的選民也未見任何反應。嗚呼！這也許是我們「有台灣特色的民主政治」吧！

有人替龍應台抱不平：當年她在台灣放起那把「野火」的時候，這些「質詢」她的人還不知在哪裡呢。如果沒有那把「野火」把台灣政治原野上的荊棘略做消除整理，後來的民進黨會那麼容易成立、發展？會有機會讓那些「質詢」她的人在立法院潑皮撒野？

但大家別忘了，民進黨是一個不知感恩和極端排外的政黨。費希平比龍應台「不幸」得多了。

費希平是東北籍的國民黨立法委員。一九六〇年發生雷震事件，費在立院提出質詢，被國民黨停權一年，此後即未歸隊。一九七九年美麗島事件，費希平開始參加「黨外運動」，受刑人家屬參選，費都上台助講。一九八一年縣市長選舉，費參加「黨外助選團」，巡迴全台為黨外候選人助選。

一九八四年，費希平協助成立「黨外公職人員公共政策研究會」，並擔任第一屆理事長。在當時，這是第一個具有政治指標意義的社團，費希平主張向主管機關登記，以爭取合法地位，但為若干人反對，並有人說：「台灣人的團體，怎麼由外省人來領導？」

費希平在一九八六年成為民進黨建黨十八人小組成員之一，那年九月二十八日，他在圓山飯店大聲宣布「民主進步黨正式成立」。

民進黨成立之前，黨外人士恐國民黨取締與打壓，需要有國民黨和外省人背景如費希平者的協助與保護。黨既成立，費的利用價值已完。費主張走「議會路線」，民進黨人主張走「群眾路線」，雙方漸行漸遠。而「台灣人的團體，怎麼由外省人來領導」那句話，尤令費希平傷心。一九九〇年他退出政壇，遠走美國，二〇〇三年客死他鄉。去國之前，他接受報紙訪問，向民進黨提兩點建議：第一、民進黨不應該是台獨黨，搞台獨的人應另外組黨；第二、黨的利益絕對不能優先於人民的利益。

二十多年後證明，民進黨確是台獨的、排他的和黨的利益高於人民利益的黨，一點都沒改。外界因為「政治正確」或「族群融合」等因素，不願明說或不忍明說耳。

所以龍應台即使不穿球鞋，她會有別的「缺點」。甚至是不是龍應台都無所謂，其他的人來也有「缺點」。總之，在民進黨看來，國民黨是「外來政權」，台灣的事怎麼能讓他們來管？民進黨心裡已經沒有為人民服務的「政黨政治」，只有一黨利益的「我黨政治」。

民進黨這種觀點主張能不能代表台灣大多數老百姓呢？肯定不能！否則患有「香港腳」的馬英九怎麼能兩度當選呢？但是長於政治操弄的民進黨，挾持了台灣人民，使台灣長期陷於政治鬥爭，內耗空轉，失去競爭力，沒有方向感。在全球政經空前的大變局中，民進黨的立法委員只看到新官員的球鞋。

台灣何辜？

（二〇一二年六月二十一日《聯合報》）

3 執不執政的黨，都必須是負責任的黨！

這個黨必須是負責任的黨，才能承擔起治國的責任。

為了反對郝柏村組閣，「群眾」焚官署，毆路人，燒警察，砸飯店，新聞界名之曰「五二九事件」。近年來，冠以日期代號的各種「事件」已經不少，一般人也未必記得，總之一句話：打、燒、砸。

那些丟汽油彈、放沖天炮的「人」(「暴徒」二字誰敢用)是哪裡來的呢？民進黨發表聲明譴責，當然不是他們的人；「反軍人干政聯盟」說，「外圍自發加入的群眾，我們無法控制，也無權負責」；還有些團體在挑了火之後即行退出，並未放火，自然與他們無關。過去司法機關對於打、燒、砸的「人」，懾於其背後組織的「權威」，每不敢辦，現在那些人既然都是「純粹的老百姓」，法律為了保護更多的老百姓，能不能發揮一點力量呢？

郝柏村出來組閣，有些人，包括筆者在內，未必贊成，但是對那些送涼麵而挨揍的情侶、被毆的來來飯店櫃台人員、半途被趕下來的公共汽車上的乘客，甚至因執勤被燒得遍體鱗傷的鎮暴警察，與「軍人干政」何干？

在民主社會，你要反對就反對，旁人只有尊重此種反對權利，沒有什麼可反對的。梁肅戎並非軍人，不是照樣有人反對？連戰是台灣省籍的青年才俊之士，不是也有人反對？張博雅是在野的「反對人士」，同樣有人反對！反對就反對吧，但是任何人均不容有打、砸、燒、傷害無辜、破壞公共和私人財產的特權。

報紙對打、燒、砸「群眾」的言行給了大量的篇幅，實在也應該問問躲在家裡憂心、嘆氣的「群眾」有些什麼想法。其實，問了也沒有用。他們當然贊成回歸憲政，擴大民權，改革開放的步伐愈走愈快，這些說了都不要緊；但是，他們大概也不贊成國會殿堂拳頭齊飛，街頭巷尾殺聲震野，可是這不能說，說了就是「小市民心態」，就是落伍。別的社會都重視安定，今天的台灣要求安定似乎是一種罪惡，至少是一種恥辱。

很多人，包括筆者在內，都頗嚮往政黨政治的民主，對於中華民國在野黨多年的努力與成就，表示欣賞與感激，因為他們的獻身，使我們的國家擺脫了一黨專制，而在國際間揚眉吐氣。只要國家能發展，有前途，一般人大概不會在意由哪一個黨來執政。但是，這個黨必須是負責任的黨，才能承擔起治國的責任。

像「五二九」這類的事件，一個負責的政黨應有怎樣的表示呢？有一個政黨發表聲明，指「警察單位二十九日擴大封鎖範圍，一方面嚴重影響市民之交通，另一方面更蓄意升高民眾抗爭之情緒。」對警方這種「失當、違法的挑釁行為」，該黨表示「嚴重抗議」。該黨的祕書長甚至說，「要責備本黨，待本黨執政後再說！」

這就教我們為難了，這個黨不執政，就不負一切的責任，國無寧日；好吧，那就拜託你快快執政吧，可是，若教這麼一個不負責任的政黨執政，天下還有公理嗎？

（一九九〇年五月三十一日《聯合報》）

4 「不管是什麼，我都反對到底！」

佛里曼說這是美國衰落的政治原因，但它更像台灣的致命痼疾。

本文標題「不管是什麼，我都反對到底」，是引述湯馬斯．佛里曼的話。台灣讀者對佛里曼應不陌生，他是《紐約時報》專欄作家，曾經拿過三座普立茲新聞獎，他的著作如《世界是平的》、《世界又平、又熱、又擠》在台灣都暢銷一時，他也多次來台訪問和演講。

去年下半年，他與朋友合寫一本新書《我們曾經輝煌》，討論「美國在新世界生存的關鍵」。在全球各地，包括台灣，再度受到注意。

美國既是「曾經輝煌」，似乎表示現在「不夠輝煌」了？或者換個字眼，「開始衰落」了？佛里曼坦白承認這一點：「美國生病了，無論在經濟或政治上都是如此。我們想藉由這本書解釋美國何以落入今天的境況，以及應該如何脫身。」

那麼，「政治上」的「病」是什麼呢？書中有一章的標題是〈不管是什麼，我們都反對到底！〉在這章裡，擅長娓娓道來的佛里曼，講了一則故事：他的朋友辛普森，一九七九至一九九七年曾任懷俄明州共和黨籍參議員。幾年前他回到參議院串門子，碰到交情不惡的阿肯色州民主黨籍參議員邦普斯，他走過去給他一個擁抱。一位共和黨參議員就告訴他不可以這樣，「邦普斯是民主黨的，且是狂熱的自由主義份子，你不該去擁抱他。」

於是佛里曼有感而發：「以前情況不是這樣的。當然，兩大黨間的政治兩極化，甚至相互敵對，並非始自今日。可是今天美國政治體系不僅僅比辛普森在任時更兩極化，而且癱瘓了。這是許多因素共同造成的。過去各擁自由主義與保守主義的兩大黨，現在幾乎已經成為兩個意識型態陣營，所以在政治上的立場比過去更加歧異。他們的核心議題都是在上個世紀形成的，並未與時俱進以迎接本世紀的挑戰。而偏頗私利的選區劃分，獨厚堅守意識型態的狂熱黨派份子，溫和的務實派人士反而吃虧。今天的政治動脈已經被擁有超強勢力與超多資金的利益團體阻塞住了。新媒體的出現放大了最響亮、也最具黨派之見的聲音；對政治的報導就像運動新聞一樣，唯一重要的是誰贏了今天的比賽。最糟的是，我們已經沒有強大的外敵來喚起我們的使命感，讓我們全國團結一致。」

佛里曼這裡所說美國政治制度的缺點、意識型態的狂熱、利益團體勢力的龐大，以及政客和媒體的短視與不識大體，我們台灣不也是一樣的嗎？「最糟的是」，我們雖有「強大的外敵」，卻也未能「喚起我們的使命感，讓我們全國團結一致」。

想看看台灣「反對到底」都是些什麼嗎？遠的不說，請數一數最近的事例：一國兩區、和平協定、ＥＣＦＡ、陸生來台、美牛、證所稅、油電調漲、核能電廠、都更計畫，連總統訪問非洲友邦都罵那是「雞肋」。總之，反對的項目族繁不及備載。一個對國家和選民負責的政黨和政治人物，一定會對執政當局的某些施政持反對態度的，因為那就是民主制衡的設計。但一個對國家和選民負責的政黨和政治人物，也一定會對執政當局的某些施政給予支持與合作，因為政府必然會有一些好的政策，有益於國家發展和人民福祉，怎能不問青紅皂白一體反對？台灣這幾十年來，我們能舉出幾件國家的大政方針，是由兩黨或多黨合作完成的？這就難怪新加坡把台灣國際競爭力衰退引為炯戒了。

台灣那些「不管是什麼，我都反對到底」的人，看了佛里曼的這本書，可能私心竊喜，原來美國也是這樣的，誰還能批評我們？

但是，美國雖有些「反對到底」的人，但也有「有識之士」如佛里曼者，敢於自省，敢於揭自己的瘡疤，他的同胞對此非僅不以為忤，反而給他們掌聲，願意檢討改進。台灣誰有勇氣寫這樣一本書？若真寫了，會有人理嗎？有人理你也一定是斥責你「不愛台灣」。

（二〇一二年四月二十六日《聯合報》）

5 這個不好？那就請給我們一個好的！

反馬、反政府的人應讀一讀曹興誠的廣告⋯

企業家曹興誠十二月二十一日在好幾家報紙上刊登大幅廣告：「懇請馬總統大膽制定『兩岸和平共處法』促進兩岸互信互助」。

曹興誠在二〇〇七年就提出「和處法」構想，並多次以巨幅廣告爭取朝野支持。如今在民進黨全力杯葛第四次江陳會，在馬總統領導能力備受挑戰，以及兩岸能否簽定ＥＣＦＡ面臨重要關頭之際，曹興誠再提「和處法」，自然有台灣客觀環境變化的現實，想來也有他個人內心主觀的不安與焦慮。

曹興誠認為，美國明確訂有「台灣關係法」，大陸也訂了「反分裂國家法」，台灣夾在兩強之間，已經淪為任人擺布的棋子，應趕快制定「兩岸和平共處法」，以求台灣的長治久安。「和處法」的主旨是：統一要尊重台灣民意。統一條件由大陸提出，交付台灣人民表決。要是多數民意贊成統一，獨派不能不接受。而大陸一再強調以「和平手段」統一台灣，若台灣人民反對統一，大陸也不能不接受。曹興誠認為，這是為台灣爭取實質的主權。

曹興誠的辦法周延否？可行否？事關台灣前途命運，當然要接受公評，讓大家思考、討論。但無論如何，他提出了自己的想法，也建構成一個辦法和一套程序，並不是只喊空洞的口號。他的廣告文字，對馬英九和他領導的政府不敢負責、猶豫蹉跎的做事態度，有嚴苛的批評。但他不是徒事抨擊，也指出另一條他認為理想的路。

民進黨發動十萬人上街，反對第四次江陳會，反對ＥＣＦＡ，認為這是為台灣人民「顧飯碗」。

ＥＣＦＡ的性質與內容一般人不太容易弄得清楚，但ＦＴＡ（自由貿易協定）則較為大家所熟悉。現在韓國和新加坡都在積極與大陸商談ＦＴＡ的事，一旦簽署，則他們的大多數產品輸往大陸都免關稅，而台灣要繳八．九％的關稅。其間的差別和影響，無待多言。

尤有進者，台灣產品第一大出口對象為大陸，第二大就是東南亞國家，兩者合計占台灣出口量五〇％以上。「東協加一」（大陸）FTA將在二〇一〇年生效，以後他們的產品往來完全免稅。台灣如果與大陸簽ECFA，不僅在關稅上可得優惠，而且可透過大陸之便，容易與東協各國簽FTA。否則，台灣將被邊緣化，產品無處可去，後果之嚴重，實難想像。

民進黨動員人民上街反對ECFA，說是替老百姓「顧飯碗」，恐怕這話說反了，不簽ECFA，可能恰恰是「砸飯碗」。

反對黨存在的價值就是制衡執政黨，是民主政治最有意義的設計。但是制衡是要執政者不走錯路，不是不走路。反對黨不是動輒就反對，對國家的大政方針要經朝野蹉商、社會諮詢後，才能決定態度。反對黨反對執政黨主張的同時，要提出更好、更可行的建議，供人民選擇。若這些都不做，也不向百姓說清楚，只知、也只會鼓動人民上街抗爭，這樣的政黨是不理性的，不負責的，更是不道德的。

曹興誠登了這許多廣告，恐怕花了不少錢。當然，他富於資財，不會在乎。但有錢也不必亂花，他的目的究竟是什麼？是想去大陸做生意？他在政府既有的規範下本就可以去，將來政策若更放寬，他和別人的機會是一樣的，用不著再向政府施壓。他的公司曾受司法單位干擾，是否藉攻擊政府，以報私怨？但廣告中根本沒談到那件案子的事。他不贊成台灣獨立，似乎也不支持無條件統一，是不是怕獨立了、統一了他在台灣的日子不好過？以曹興誠的財力，屆時他可以遷居天涯海角任何地方，依舊過他養尊處優的生活。如果找不到別的理由，我們只能說，他花錢、勞神的用意，是關心這塊土地，是愛台灣。

在某些人的心目中，曹興誠不可愛台灣。其一，愛台灣已被他們專利，別人不可僭用；其二，承認曹興誠這樣做是愛台灣，就會顯示他們愛台灣是「有口無心」，他們只是藉用這個「口號」去攫取個人的政治利益，結果把台灣害了。

愛台灣，不容易啊！聲言愛台灣的人，不僅要自省，老百姓為了自己的利益和前途，尤其要明察。

（二〇〇九年十二月二十四日《聯合報》）

6 六朝何事，只成門戶私計？

大陸不政改，貽人「為黨政與豪門貪腐方便」之口實。

朋友日前傳來大陸「搜狐網」製作《毛澤東的最後風雨路》紀錄片，讓我們見識到，一個曾嘲笑秦皇漢武和成吉思汗，且聲言「敢教日月換新天」的「風流人物」，在生命形將終結之時，其形體之衰敗、精神之頹靡，與乎顯露於外的焦慮、畏怯與悲愴，似尚不若常人。

毛澤東醫療小組成員、眼科醫生唐由之，一九七五年七月替毛澤東摘除了白內障，留在中南海毛的住處照護。他在紀錄片中回憶說：

那是手術後的第五天，房間裡只有毛主席和我兩人，戴上眼鏡後的毛主席起先靜靜地讀書，後來小聲地低吟著什麼，繼而突然號啕大哭，我見他手捧著書本，哭得白髮亂顫，哭聲悲痛又感慨。事發突然，我緊張又害怕，不知如何是好，趕快走過去勸慰他，讓他節制，別哭壞了眼睛。過了一會兒，毛主席漸漸地平靜了一些，同時把書遞給我看，原來是南宋著名思想家陳亮寫的〈念奴嬌・登多景樓〉。

陳亮是思想家，也是文學家，對當時統治者不思進取，苟且偷安，只以憑江拒金人南犯為滿足，十分憤慨。多次上書言事，兩度被誣入獄。孝宗淳熙十五年（一一八八），陳亮到建康和鎮江考察形勢，準備向朝廷陳述北伐的策略。途中登鎮江北固山「多景樓」，心潮澎湃，寫了〈念奴嬌〉這首詞。前四句是這樣的：

危樓還望，嘆此意，今古幾人曾會？

鬼設神施，渾認作，天限南疆北界。

一水橫陳，連崗三面，做出爭雄勢。
六朝何事，只成門戶私計？

先描繪了鎮江的山川形勢，不過這樣的自然天塹仍不應該消蝕了主政人的抱負與勇氣。下面緊接著就借批判六朝統治者，來揭發南宋當局偏安苟且的思想本質：原來這樣的政策，只不過是為少數豪門世家的狹隘利益打算而已！

讀了陳亮的詞，毛澤東為什麼痛哭失聲？唐由之當然不敢問，毛也沒有解釋。我們猜想，毛主政大陸之後，犯了一連串滔天大錯，到文化大革命達於頂點，把國家弄得支離破碎，人民一窮二白，當自己的生命也走到盡頭之時，他如果還稍有良知，是應該懺悔的。若他真因此而悲不自勝，雖然並不能贖其罪愆，但世人總還會給予些許理解。

毛澤東向中國百姓說了許多彌天大謊，最典型的一句是「為人民服務」。共產黨主張的是「無產階級專政」，而他們自任是無產階級的代表，故天經地義由共產黨專政。所以不是共產黨為人民服務，而是人民為共產黨服務。

鄧小平石破天驚，決定「改革開放」，救了中國大陸。但他本人以及後繼者，仍陷於「共產黨專政」的籠子裡，走不出「黨天下」的桎梏。黨高於國，國高於民。對於黨政幹部來說，國家既是我們的，我們當然愛怎麼拿就怎麼拿，愛拿多少就拿多少。高幹也，太子黨也，官二代也，人人有份，「建國」幾十年了，貪腐的情形愈演愈烈。請看薄熙來家族案，要不是薄的政治野心太大，想撼動中南海，不仍然是繼續享受榮華富貴嗎？

中共當局不是不知道人民之不滿，危機之漸起。但推行政改就得走向民主政治，放棄黨的特權，不能再繼續維持「黨國體制」，所以「犧牲未到最後關頭，絕不輕言犧牲」。然而盲人維權律師陳光誠的出逃成功，說明無論多少監視、多少障礙，也擋不住人民追求人權、自由和法治的決心。

「為人民服務」那句口號的背後，正是「六朝何事，只成門戶私計？」凡寄望共產黨能自動改革的人，心裡大概都非常著急。因為共產黨自動改，才是真正的「維穩」，使大陸不致動盪；若是「被改革」，代價將極大，對兩岸三地的中國人，甚至對全世界，恐都非好事。願天佑中華！

（二〇一二年五月二十四日《聯合報》）

7 「黨事」與「國事」

只見「黨」不見「國」者必害黨禍國。

物以類聚，人以群分，意見相同的人，尤其政治意見相同的人，聚在一起，就成了「黨」。

專制王朝時代，皇權至上，臣下欲實行其主張，先要爭取皇帝的支持，這些人就形成了「朋黨」。現在民主時代，從政者要邀取選民的認同，乃有了「政黨」。

中國朋黨之說始自戰國，《荀子．臣道》即有「朋黨比周」之句。討論這個問題最著名的當然是宋代歐陽修的〈朋黨論〉：「大凡君子與君子以同道為朋，小人與小人以同利為朋。」千載以下就畫了一道界限——君子爭的是主張，小人爭的是利益。譬如唐朝牛李黨爭，爭的就是政治分贓。宋代也有朋黨問題，但大體爭在政見，所以還算光明正派。

無論如何，一提到「黨」，總使人心存顧忌，難生好感。孔子就說過：「君子矜而不爭，群而不黨。」現代國家要透過選舉實行民主政治，政黨就成了必要之惡。儘管如此，民主先進國家美國在費城會議時，制憲諸賢就在《憲法》上沒給政黨留地位。麥迪遜在《聯邦論文集》中說：「敵對黨派衝突全無公德，各種施政方案的決定每不顧正義規範。」華盛頓在第二任總統屆滿離職的告別詞中，直指「黨派意識為人類的根性，是民主政府最惡的敵人」。麥、華二氏不幸言中，今天美國國會中兩黨不理性的纏鬥，已成為美國國力式微的根源。《紐約時報》專欄作家佛里曼的新書《我們曾經輝煌》，對美國的黨爭有入木三分的描繪，讀來教人膽戰心驚。

中華民國之誕生出於中國國民黨的革命。國民黨黨歌「三民主義，吾黨所宗，以建民國，以進大同」，倒是有理想的泱泱大黨的樣子。但是把黨歌改成國歌，就現其私心，「吾黨」就不免受人杯葛。當私心愈來愈重，在大陸就敗於共產黨。而共產黨「超越前進」，竟把黨置於國之上，視國家為私產，他們說「立黨為公，執政為民」，但其他人若想也組一個「為公」、「為民」的政黨，那你必然會有大麻煩。

台灣黨爭之烈及不擇手段和肆無忌憚的以人民整體利益為代價，恐史上少見。毛澤東說「人與人鬥，其樂無窮」。台灣政客正都「樂」在其中。

其實，考究起來，人的政治主張也許不同，但只應是強國富民方法途徑的不同，其組黨目的必須在於利國，這應該是政治人物的最高目標和最低操守。當國民黨一黨獨大時，胡適博士曾倡議組一個不以奪取政權為目的之政黨，只求能制衡國民黨，促使它把國家建設好。胡適的主張也許太「書生之見」，但亦可看出，政黨不是不可以具有道德本質的。申言之，無道德之政黨，必作惡多端，成為國家亂源，失去其存在的合理性。

現在某些政黨看似不無悔悟，偶亦提醒其黨員，不要弄到「亡黨亡國」。此言雖黨國並舉，實則意仍在黨，不在國，仍重黨，不重國。嗚呼！他們亡黨是自作自受，然而國之百姓何辜，要與汝偕亡？

（二〇一三年六月二十日《聯合報》）

8 國家領導人困死於「政治壓力」

只給噓聲不給掌聲的極端社會如何前進？

馬英九第二任於五月二十日就職，是日也，各政黨、各行業紛上街頭「嗆馬」。馬英九謙卑的表示做得不夠，讓大家不滿意，今後會加倍努力。

馬英九是做得不夠好，可以噓，可以罵；但他也有做得好的事，似乎未見有人給他掌聲。當然，做得好是應該的，誰教總統所司何事？不過他做對了的事，即使沒有讚美，也不應該黑白不分說他做錯了，這一點公道還是應該給他的。那麼我就舉一件小事，以供「一粒沙裡看世界」。

我像很多人一樣，現在基本上不看電視新聞了，因其瑣碎無聊，是可忍孰不可忍也。五月二十日，日子特殊，想看點即時消息，我「不幸」打開電視機，一位「女記者兼評論員」告訴我說：蘇花公路坍方，公路局原來說要十天才能修復，今天「僅僅是第八天」，「竟然」修復通車了。怎麼恰好會在「五．二〇」，這不明明是要減輕民怨嗎？

修復通車的時間有三種可能：

其一、十二天。那位女記者兼評論員會說，政府太輕忽民眾行的方便了，說十天完工卻拖到十二天。

其二、正好十天。她會說，為什麼如此一板一眼的，不能趕工提前嗎？

其三、提前到八天。在她的眼裡，旨在消弭民怨，還是有罪。

令人費解的是，就算政府「蓄意」提前完工以解民怨又有何罪過？大家不是因為「民怨」而上街的嗎？

如果有人說，這個例子太雞毛蒜皮了，那就舉件大事談談。民進黨立院黨團指出，台灣出口衰退，連對大陸出口都減少，是因為「馬政府把台灣經濟鎖進中國」。這不僅是欲加之罪，簡直是指鹿為馬。

馬政府施政縱有千般不是，但它最大的成就是兩岸關係的和解與增進。尤其是ECFA，雖然後續還要談，但已讓台灣產品輸往大陸時享受優惠關稅，因而提高了競爭力。如果沒有ECFA，在全球經濟不景氣和歐債危機的此刻，台灣經濟局面，會更不好。就是這樣的ECFA，四年前曾遭民進黨激烈反對，但眼見工商農漁各界普遍受惠，民進黨本已扭扭捏捏表示「概括承受」了，怎麼又指摘「馬政府把台灣經濟鎖進中國」了呢？

其實，台灣經濟危機四伏，情勢十分嚴峻。大陸和日、韓已啟動FTA談判，我外交部長和經濟部長都警告說，中日韓三國FTA若先於兩岸ECFA後續談判完成簽署，衝擊台灣產值估計高達台幣四千六百億元。

台灣的突圍之道，在趕快與美國簽TIFA（投資與貿易架構協議），才能與其他國家進行FTA談判。但與美國簽TIFA事卡在美牛上，儘管韓國和台灣都派調查團去美實地調查，回來都說美牛無問題，但民進黨就是反對。多拖一天，台灣經濟危機就增加一分。

王建煊認為馬英九沒「霸氣」，所以被人欺；李登輝則指馬「獨裁」，「底下的人沒種」、「沒卵葩啦」。一個沒有「霸氣」的人怎會「獨裁」呢？「沒卵葩啦」這樣的粗言穢語，對府院高級官員，尤其是女性，是多麼無禮！不有失李先生的身分嗎？

日裔美籍學者福山在他的名著《歷史的終結及最後一人》裡曾說：「從原理上說，正在推動近代化的威權國家比民主國家更容易創出社會條件，以帶來資本主義式的經濟成長，進而帶來安定的民主主義。」

他又以八〇年代的台灣為例：「台灣所以能推行工業政策，主要是國家從政治壓力中保護了負責經濟計畫的技術官僚，讓他們能夠下決斷推動市場政策，提高效率。」台灣努力了幾十年，才有今天的民主成就，如果我們有一位總統，不「霸氣」，更不「獨裁」，不走威權的回頭路，卻也能從「政治壓力」中解脫出來，推動國家建設，不是更好嗎？在這件事情上，難道在野黨、知識界以及廣大的社會階層，都沒有「共襄盛舉」的責任嗎？

現在罵馬已經口不擇言，甚於斥責自家小廝。而且罵馬似乎成了「時尚」，不罵的人或都自慚既無膽量又無學識。負全民託付的人當然要接受監督，但一個只有負面聲音的社會，如何能讓不願「霸氣」、「獨裁」的領導人，走出「政治壓力」的桎梏？

（二〇一二年六月七日《聯合報》）

9 政客收買選票，百姓零售國家

菲律賓只有馬可仕一個家族揮霍、腐敗，就幾乎亡了國；而台灣是政黨和政客集體揮霍、腐敗，國家前途會如何？

台灣很多駕駛人不遵守交通規則，公路上幾乎天天有傷亡慘重的車禍；就連由國家元首自任司機的車子也不例外。國民黨的「競選列車」，由主席李登輝先生開到澎湖，第一張「選舉支票」就出了亂子。他答應發老人津貼每人每月五千元，「地方沒錢沒關係，由中央撥款補助」。其他縣市一聽，一致舉手說「我們也要」！

有人投書報紙問：李先生是以「李主席」的身分還是「李總統」的身分做這樣的

承諾？「中央」是指「黨中央」還是「中央政府」？說這話的人如果不是不食人間煙火，就是明知故問。向來政黨開出的競選支票，哪一次不是由政府兌現？問問老人津貼的始作俑者民進黨就知道了。

現在國民黨東施效顰，重提老人津貼，民進黨當然要推陳出新。陳水扁在台北市，發了兒童津貼，發了私立學校教育券，里長辦公費調整到每月四萬五千元，連公娼的「創業貸款」都給一百二十萬呢！這樣一來，今年市府預算追加了六十七億。

里長是基層「樁腳」，國民黨豈能讓民進黨獨占便宜？趕緊由內政部統一規定，全國村里長辦公費一律每月發四萬五千元。而且還比照鄉鎮民代表，每年另發「出國考察費」五萬元。

這些當然要增加國庫開支，可是年底「三合一選舉」，是國民黨的「政權保衛戰」，是民進黨爭取執政的好機會，大家都習於「愛拚社福才會贏」，「政策買票」豈能就此打住？大面額支票還在後頭了呢！譬如說：

老年農民津貼刪除「排富條款」，住洋房、坐賓士的「農民」可一體享受；勞工失業保險提前開辦；民國五十九年七月以前退伍老兵補償金在選舉前修法；准許農地自由買賣，以滿足老農派立委，並方便財團炒作壟斷；提前於民國八十九年實施國民年金。

每屆選舉，政黨和政治人物都大放利多。這次「三合一」因為關係立法院席次，且影響兩年後總統大選，所以出手買票更是大方。至於國庫能否負擔，那等以後再說吧！

「以後再說」就是沒有計畫，就是不負責任．就是現代人花子孫的錢。舉世列國，誰不想成為「福利國家」？但幾乎沒有人成功過。英國被公醫制度弄得焦頭爛額，美國的社會安全制幾近破產。台灣的能力極限在哪裡？有沒有評估、精算過？

「圖利國民」原則是不錯的，但不能是白吃的午餐。全民健保開辦一年，虧損三十億，明年要虧八十億。公保已虧了兩千億。國民年金更是一個無底洞。而且，年年有選舉，民眾的胃口會愈來愈大，政客的支票會愈開愈多，國家的負擔自然會愈來愈重。

如果只是用錢買票倒也罷了，政客們還支用了國家無形的資源。為了鞏固或奪取政權，他們不惜與黑道勾結。不要看常有直升機把流氓送去綠島，其實真正的大流氓都進了國會。寖假以還，政風、社風都不堪聞問矣！為了鞏固或奪取政權，他們還與財團掛鉤，給他們各種牟利的方便，於是國民的貧富差距就愈來愈大，衍生的問題也就愈來愈多了。

一九五〇、六〇年代，菲律賓的民主和財富程度，在亞洲各國都名列前茅。但後來由於馬可仕家族揮霍、腐化，幾乎亡了國。而台灣，不是一個家族，而是政黨和政客的集體揮霍、腐化，國家會受得了嗎？

政客們拿納稅人的錢買納稅人的票，並留下極大的禍害給他們，而很多納稅人還沾沾自喜，以為占了便宜。要想阻止政客的惡行，要想救自己和救子孫，只有老百姓能認清利害，不出賣國家，並在投票時反擊：凡是想買票的人、想買票的黨，都讓他落選！

這樣自覺的選民會有多少？我不知道。恐怕誰都不知道。我們能做的，只有誠心祈禱。

（一九九八年九月二十七日《聯合報》）

10 官民合力使台灣破產

政客所開福利支票概將由百姓自付。

歐洲向被吾人視為富庶之地，但現在「歐債危機」卻為世界流行語。重災區的希臘、義大利和西班牙等國，都在節衣縮食。

千里之外的台灣，債務已向歐債看齊，但大家似尚無警覺。台灣「民主」了，唯人民還沒學會如何做主人，被政客玩弄於股掌之上。政客要選票，就亂開福利支票。人民以為得了便宜，因而沾沾自喜。請大家數一數，蕞爾小島的台灣，有多少飛機場，有多少輝煌的展覽館、會議廳，結果都用來養蚊子，如今廢的廢、停的停，這些都是當時政客替百姓爭取來的「福利」。

台灣全民健保，舉世稱羨。不僅保費低，而且醫療包山包海，大病小病都管。但天下沒有白吃的午餐，健保財務缺口愈來愈大，再這樣下去就會垮台。前衛生署長楊志良推動健保改革受挫，摜了紗帽。二代健保仍擱在立法院。立委「為民服務」，怎能讓百姓多花錢呢？

勞工保險本來也是政府的「德政」，有九百四十萬人投保，現也面臨危機，預計民國一一六年就會倒閉，五十歲以下的勞工恐怕領不到退休金。何以致此？因為在保費上，朝野立委競相減碼；在給付上，則競相加碼。討好的結果是，害了勞保，更害了勞工。行政院被迫表態：國庫將撥款補助勞保虧損，絕不會讓它關門。國庫的錢哪兒來？還不是你我納稅人的血汗嗎？

台灣自來水費、電費等公用事業，相對來說也是全世界較低的，但都不能調整。一方面立法委員會鬧，另一方面政府也怕「民怨」。

歷年來朝野共同製造的問題，現在都一一暴露出來，如軍公教優惠存款、老農津貼、農田休耕補助、軍公教退休人員年終慰問金等等，都是財政上的巨大負擔，也都很難解決。

大家一看上列這些事，就可想見目前中央政府的財政狀況了。根據政府年度（二〇一三）總預算的數字，中央和地方政府潛藏負債將近十五兆元，六十年也還不完。更令人不解的是，明年政府支出，社福編四三八九億元，占二二．六％，高居第一；位列第四的經濟發展為二七二六億元，僅占十四％；頗具爭議的退休撫卹支出為一三九九億元，占百分之七．二％。換言之，經濟發展預算僅為社福的二分之一強，而退撫卻為經發的半數。這樣的預算結構，能發展台灣工業、增加產值、創造競爭力嗎？但不這樣編，「民意代表」和「民意」會同意嗎？

提起民意代表，他們真的在為百姓看緊荷包嗎？請看「九A立委」自己的福利，則可思過半矣！

馬英九政府對這種危機已有認知，但改革維艱，處處挨罵。一位經濟學家氣憤而又無奈的說，台灣這個社會，逢漲必反，逢改必反；我接著要說，政府逢反必退。很多頗有「除舊布新」之義的新政策，一遇立法院或在野黨的杯葛，就「勇敢」的——不幹了。

朝野政客固無論矣，民眾不明就裡，誰給「福利」多就投誰票，官民聯手一起掏空國庫，弄垮台灣。其實道理再淺顯不過：政客不會從家中帶錢來做官員、當立委，他們濫開的每一張支票，亂花的每一毛錢，最後都將由百姓自己支付。明乎此，則近「道」矣——才能走上真正人民自己作主的大路。

（二〇一二年十一月二十二日《聯合報》）

11 全民「共付國難」

沒有寫錯，不是全民「共赴國難」，而是全民「共付國難」。

「共赴國難」是國家有艱難危害時，老百姓同心協力的應付、解救；赴是「去」的意思。「共付國難」是指這種艱難危害是百姓自己造成的，也要自行承擔後果、代價；付是「給」的意思。

明白說罷：這次台灣豪雨造成的災害，大家多指摘政府；政府誠然沒有遠見，怠惰、失職，但若無民眾的「共襄盛舉」，水災怎麼會這麼嚴重？

民眾「參與」了什麼呢？首要「貢獻」是超抽地下水。根據經濟部水資源局的調查，台灣每年注入地表下的水，約在四十億噸左右，若每年抽地下水也在四十億噸上下，則收支相抵，可以平衡；但目前年抽地下水約為六十三億噸，超抽的水，可裝滿四個半曾文水庫。因為地下水被超抽，使地層每年下陷近十公分。陸地低於海平面，水當然排不出去。

那麼，為什麼要拚命抽地下水呢？台灣有五萬兩千公頃養殖魚塭，要靠地下水養魚。還有一部分工廠，也使用地下水。全台有地下水井十八萬口，由政府核准使用的只有十分之一。

既然非法，政府能不能取締呢？當然能！可是百姓斷了財源，會跟你拚命。而今天台灣「民主政治」的涵義，幾乎等同於「討好選民」。政府、政黨、政客人人都要老百姓投他一票，誰敢得罪頭家？

超抽地下水固是罪魁禍首，但還有其他幫兇。民眾「開發」山坡地，砍去保安林，植檳榔、種香蕉。坡度再低一點的，就種蔬菜類作物。甚至河床沙洲也被耕種，以充分發揮生產力。這麼濫墾的結果，使水土無法保持，一遇大雨就山崩土流，阻塞河道，更逼使大水流向平地。民眾這些作為，政府自然也是不敢或不便取締和約束的。

今年水災的慘狀，報紙和電視都已充分報導，無需再加細說。但不知大家注意到沒有：所有的新聞故事，所有的畫面鏡頭，是不是都似曾相識？因為去年、前年水災也是這個樣子嘛！水災年年來，百姓年年苦，但政府做了什麼呢？台灣省長宋楚瑜巡視災區時發飆，罵中央政府「沒有良心」、「置人民生命財產於度外」。此話是否「有失理性」，是否涉及「政治鬥爭」，我們姑且不論，但水災一再重演，政府卻毫無作為，這不是「置人民生命財產於度外」是什麼呢？尤有甚者，很多高官還利用特權，讓非法竊占國土、阻礙防洪排水的高爾夫球場就地合法，以方便其揮桿打球，這不是「沒有良心」是什麼呢？

今年五月間，省府要求中央撥款台幣一百億元，以加強改善排水工程。中央因為沒錢，只允給十九億。國家庶務百端，哪一項都要錢，也不能說削減就一定不對。但是據斯德哥爾摩「國際和平研究所」日前發表的年度報告說，去年台灣採購武器花了四十億零四千九百萬美元，全球第一。前年我們占全球第二位，只有十五億兩千萬元。一年之間，增加數字驚人。四十億零四千九百萬美元，折合台幣約一千四百億元，想想看，把這筆錢放在國內建設上，可做多少事？用於整山治水，該減少百姓多少痛苦？

當然，中共對我們有武力威脅，我們的國防安全也十分重要。可是中共有核武、有飛彈、有潛艇，我們要花多少錢、買多少武器，才能與之抗衡？若能透過交流與談判，使兩岸能和平共處，各自從事內部建設，是不是更合乎國家的利益？近來台灣有水災，有流行性腸病毒，有股市與匯市的崩跌，說民不聊生，應不是危言聳聽。倡言要「走出去」的執政當局，現在恐怕要回家看看才是。

部分民眾無知與自私，只想到眼前近利，破壞了山川林木，受到大自然的反撲；而政府和政客只想到選票，無遠見、無氣魄、也無能力制止與矯正，才使水災愈來愈頻繁、也愈來愈嚴重。有些人，可能就是你我這種人，自忖未參與為惡，不是共犯，但也要分擔全部的「社會成本」，內心或感不平。但今天是「主權在民」的時代，我們未以選票找出夠好的人、夠好的政府，我們對社會各種不正常的事概出之以鄉愿的態度，不評論、不抗議，任腐敗加深、惡行蔓延，怎麼能說沒有責任？

（一九九八年六月二十一日《聯合報》）

12 政治人物的性善與性惡

兩岸政體不同，但百姓命運則一：吉凶禍福都操在少數人手裡。

中央研究院院士會議期間，七月的台北市，文人聚會驟然增多。學者聊天，雖然三句不離學術本行，但也不會完全撇開現時政局不顧——包括台灣的和大陸的。知識份子「心憂天下」，除非「四海昇平，國泰民安」，怎麼能不憂呢？

上週某日，台、港、國外幾位文化界人士早餐閒話。話題隨興所之，並不集中，但正心誠意，也並非全無代表性。爰摘記其中片段，以誌他們對國事的關切。因為未徵得當事人的同意，不能寫出他們的大名。談話只記要旨，並非逐字記錄。

——我快退休了，退休後要去加州定居，不回台灣了，因為看不慣民進黨的作風。執政才兩年，就腐化成這個樣子。一位本地朋友告訴我，他們要錢比國民黨還要得兇。

——這不是錢的問題，本質是權力，錢只是象徵。我給你錢，是受你控制，你給我錢，就是受我控制了。政治人物看得最重的是掌控一切的權力。皇帝有三宮六院七十二妃，他們真的那麼好色嗎？未必，那是代表他能控制天下萬事萬物。所以政治人物要奪權，奪到權之後就要保權。人有了權力，很少不腐化的。

——我雖不贊成民進黨台獨的主張，但也曾對他們寄以很高的期望，希望他們有作為，把台灣治理得好。現在則是希望大失望也大。

——這沒有什麼好奇怪的。民進黨以國民黨為師，是跟國民黨學的。就連共產黨也是跟國民黨學的，所以威權體制大同小異。這些人的本質都是差不多，不要對他們任何人抱太多的幻想。

——怎麼會弄成這個樣子呢？這是不是我們儒家文化有了問題？

——儒家文化當然有它的問題。有些人太執著於儒家文化，凡儒家文化中壞的東西都認定是「假儒家」，好的部分才是「真儒家」。哪有這麼簡單的事？人性本來就有善的一面和惡的一面。

——儒家倡言性善，民間根本不相信。諺語說：「逢人只說三分話，未可全拋一片心」……

——還有「知人知面不知心」……

——對啊！這些都說明民間不相信人性一定是善的。甚至儒家本身也未必相信，與自己無利害關係的，相信性善，利害衝突時，就相信性惡了。

——人性有善有惡，有時「壞人」也可做一點「好事」。

——所以大陸上有些人現在居然還懷念毛澤東？

——大陸老百姓現在有人懷念毛澤東，是那時大家雖然都窮，但人人都有飯吃；現在改革開放了，下崗的人那麼多，流民那麼多，但卻沒有社會制度的救濟與保障，要他們怎麼活下去？

——看大陸的演變，不能只看獨立個案，要看大趨勢。先是知識份子反對它，後來學生上街頭，但學者和學生不足以對它構成威脅。現在，基層民眾起來反抗，共產黨就十分在意了。

——法輪功就是個例子。幾萬人忽然在天安門廣場出現，共產黨就大吃一驚。

——搞政治的人常常認為自己有理想。若談理想主義，何過於共產黨？他們要救整個無產階級，要救中國，結果呢？同理，也不能相信民進黨嘴巴上說的理想。

——要認識這一點，看透這一點，心理才能平衡，才好過日子。

——老百姓人人都要過日子，這是個重要的基礎。從這個基礎上出發，也許能找到台灣問題、中國問題的解決之道。

這當然不是結論。但是對台灣的事、中國的事，今天誰能指點出一條途徑，而又能讓當權的人照著做？兩岸政體不同，但百姓命運則一——吉凶禍福，都操在少數人手裡。

（二〇〇〇年七月十一日《聯合報》）

13 道德：政治無道，則社會寡德

張榮發的《道德月刊》不必發行兩萬份，只印三兩份送給執政者就夠了。

長榮集團總裁張榮發，憂心台灣亂象，特發行《道德月刊》，首期元月十日問世，每期印兩萬份，免費贈閱大眾，希望能收匡正風氣之功。

張榮發的這項善行義舉，是合乎「道德」規範的。但善念未必即有善果，主要是他的方向、目標有問題。

倫理道德是中國傳統文化的核心，龐大而複雜。老子講的道德是「天道之德」，順應天道即為德，遵道守法即為道德。孔子講的道德是「仁義道德」，道德來自仁義。透過教化，希望人人都能行仁布義，成為有德之士。

無論是「天道」還是「仁義」，都不能脫離人世，而是以人的幸福為目標。尤其孔子強調「仁政」，則道德的最高意義和價值實在於約束統治權力。

鴉片戰爭，暴露中國政治的腐敗。而官吏之貪瀆，尤為道德退化之病灶。有良心的官員，以律己來提升道德。兩江總督陶澍為自己立下做官準則：「要半文不值半文，莫道人無知者。」林則徐則自勉：「當保涓潔，弗逐流波奔。」

但知識份子逐漸瞭解，挽救國家不能只靠個人自修。龔自珍就認為，官僚和士大夫的寡廉鮮恥、阿諛奉承，肇因於專制統治者。他說，主政者「去人之廉，以快號令；去人之恥，以嵩高其身。一人為剛，萬夫為柔」。

魏源的思想更明晰，他認為要拯救人心，關鍵在整頓統治集團的道德。他指出：「(在上位者）身無道德，雖吐詞為經，不可信世。主無道德，雖襲法古制，不足以動民。」

道德之改造，雖後來續有志士仁人如嚴復、譚嗣同、梁啟超等人鼓吹呼號，但清廷已徹底腐敗，無由革新。於是章太炎發表《革命之道德》，孫中山推翻了帝制。

民國雖建，民主未立，袁世凱的洪憲稱帝，是對道德的徹底反動，道德秩序之建立就難上加難，於是軍閥之割據與混戰起焉。

政治道德對社會整體道德之破壞，無過於毛澤東之統治大陸。一連串的政治運動，到文革達於高潮。革命無罪，造反有理；可以隨意瓜分、占有他人的財產；可以任意加上罪名，羞辱、毆打任何人，雖碩彥鴻儒、高級官吏亦不可免；可以不經法院審判，監禁、處決一切看不順眼的人……今天大陸百姓各種各樣的道德問題，豈是無因？

所以說：政治無道，則社會寡德。

回頭看看台灣，陳水扁的民進黨政府，主政快八年了，他們有誠信嗎？有正義嗎？有廉恥嗎？有法律嗎？有文明嗎？有「食民祿、報民恩」的念頭嗎？他們給台灣留下什麼有形的建設和無形的價值嗎？凡是列於道德信條上的，他們做了幾條？

他們表現最「傑出」的，是貪汙，是弄權，是亂政，是分裂同胞，是為一己之私什麼都做得出來的卑劣，是使台灣向下沉淪。

這些話說得太過分了嗎？舉一個最近的例子：民進黨政府拗公投綁大選，前陣子派三人擔任北市、北縣和中市三選委會主委，三人都有刑事案件，受法院拘傳或判刑。行政院對此解釋說：找他們來是主持選務工作的，不是來搞形象的。

嗚呼！這種行徑豈是「無道」二字可以形容的。

面對這樣的主政者，誰還能要求百姓講道德？即使民間人人皆聖賢，能「教化」得了這個政府嗎？

張榮發的《道德月刊》讀者對象搞錯了，普羅大眾雖然在道德上絕非完人，但比起府、院裡的那些人，是強得太多了。月刊不必每期印兩萬本，印三兩本送給少數「道德缺乏症」最嚴重的人，也就夠了。

不過，道德不是認知問題，是實踐問題。即使那幾個人真讀了，從他們的品格表現來看，能改嗎？

（二〇〇八年一月十日《聯合報》）

14 選民不愛誠實的候選人

政府明年開辦國民年金，沒有財源，要加稅了。

陳水扁競選總統時，一再聲言不加稅，現在大家不免要問：他的承諾哪兒去了？即使「陳唐政府」明年真的加了稅，也不是什麼了不起的罪惡。政治人物說話沒個準，並不自阿扁開始。民主富庶國家「第一品牌」的美國，就有一個著名的例子。

喬治．布希一九八八年競選總統，以不加稅為主要政見。那年八月十八日，他在共和黨全國代表大會演說時強調：「國會將促使我加稅，我說：『不行！』國會又促我加稅，我又說：『不行！』國會再促我這麼做，我告訴他們：『看我嘴唇的動作：

不加稅！』」

「看我嘴唇的動作：不加稅！」（Read my lips：No new taxes.）成了布希競選運動的「中心口號」。不加重人民稅負，誰不歡喜？布希「順理成章」的進了白宮。

可是美國政府收支不平衡的情形愈來愈嚴重，才一年多，布希就撐不下去了。九〇年六月二十六日，他發表談話：到了這步田地，增稅已不可避免。

此言一出，舉國譁然。大小電視台反覆重播當年他不加稅的誓言，讓全國人看他「嘴唇的動作」。

民眾儘管不滿，但稅卻不加不行，蓋不加稅政府就會垮台，大家的日子都不好過。政治人物以全體老百姓為人質，逼你非屈從不可，這就是他們的狠招。

當然，從事政治活動者，也有誠實的人，但是下場不好。一九八四年美國總統大選，民主黨的孟岱爾對抗共和黨的雷根。孟氏在接受提名演說中，斬釘截鐵的告訴選民，他如當選，一定加稅。他說：「讓我們講實話，稅是一定要加的。雷根先生要加稅，我也要加稅。他不告訴你們，我告訴了你們。」

孟岱爾誠實的代價是一次土崩瓦解的慘敗。雷根贏了四十九個州，他只贏了一個州。雷根的確沒加稅，可是聯邦政府靠舉債度日，花子孫的錢。等布希上台時，已窘相畢露，紙再也包不住火了。

布希加稅，國人皆曰可恨，只有他的對手黨民主黨的孟岱爾支持他。孟氏投書《紐約時報》，對布希加稅的勇氣大表讚揚，認為這總比虛偽掩飾、以政府的財政崩潰來換取自己的政治利益要好。孟岱爾在競選失敗後，已自政壇退隱。到這時還說實話，真算難得。

那麼，如果阿扁加了稅，我們要不要「讚揚」他的勇氣呢？阿扁曾任立法委員和台北市長，對政府的財政狀況必知之甚稔。當他開了大批福利支票而又聲明不加稅時，他安的是什麼心？要想我們將來「讚揚」他，他現在先要回答我們這個問題。

實在說，政治人物固然歡喜騙人，而選民也是咎由自取。想想看，給你大把福利，卻不要你出一毛錢，天下哪有這種便宜事？既然一方願打、一方願挨，那還有什麼好抱怨的呢？

頭家若想將來不被騙，就要選誠實的候選人。問題是：這樣的人哪裡找？再說，真有這樣的人，多半不會甜言蜜語，支票開得又吝嗇，你會選他嗎？

（二〇〇〇年七月一日《聯合報》）

15 台灣，有飯吃，能講話，和諧嗎？

請周立波和高尚全兩位來台灣看看。

傳統文化之所以能「傳」下來，一定有它內在的生命力。大陸當年除四舊，用盡政治力量。但曾幾何時，當毛死江亡，一切又逐漸恢復舊觀，像民間藝術的相聲，就又蓬勃發展起來。相聲兩大名角，坐鎮北方天津的郭德綱，現場聽講要兩、三個月前訂位。雄據南方上海的周立波，粉絲團遍及海內外，且不限於滬語族群。

我聽過周立波的一段話：什麼叫「和諧」？和，左旁是稻粱，右旁是嘴，意即人人有飯吃；諧，左旁是言，說話之意，右旁是皆，都的意思，合在一起就是人人能講話。人人有飯吃，人人能講話，這就是「和諧」。

聽了周立波的一席話，勝讀十本政治學教科書。什麼叫「深入淺出」？什麼叫「老嫗能解」？這就是！如果我在台灣都聽到了，中南海人豈能聽不到？大陸自改革開放以來，建設「和諧社會」是政綱之首要，目前大體已做到一半，人人有飯吃；只要再做到另一半，人人能講話，則大陸之民主富強似可期矣！

後來，周立波「語錄」似乎有了「版權」問題。我讀大陸作家熊培雲的《思想國》，他說那話是經濟學家高尚全說的。不管誰先說的，誰提倡的，都是意境深遠的經典名言。但名言未必能放諸四海而皆準，在台灣就面臨考驗。台灣人人有飯吃，而且吃得還不錯；更是人人能講話，愛講什麼就講什麼。但台灣和諧嗎？似乎未必。原因何在？許多學者專家都發表過高見，就不再重複。由於高尚全或周立波的話引發的靈感，筆者狗尾續貂：台灣之不夠和諧，是因為吃得太好，講得太多。

吃飯，是經濟問題。台灣靠先輩的努力，胼手胝足創造了「經濟奇蹟」，成為「亞洲四小龍」的龍頭。那時候國家有發展目標，人民有榮譽感，多重的活、多髒的活都自己幹，每週工作六日也不喊累，企業家提著手提箱在國內外上山下海。

今天，受國際的影響，台灣經濟成長固不如往昔，而我們的工作熱忱尤逐漸消失。我們要進口外勞，我們全年休假達一一五天。有的青年人說找不到工作，有人則不願「屈就」，因為父母給的零用錢都比做工的薪水多。由於意識型態和地方本位因素，國內外企業家在台灣都很難投資。而政客為了選舉，又大方的開出各種社會福利支票。有先輩掙的老本撐著，現在「小確幸」的日子過得不錯，也就是「吃得很好」。至於將來怎麼樣，根據一分耕耘一分收穫的道理，如不付出努力，結果何待卜筮？

至於能講話，屬民主政治範疇。台灣自解除戒嚴、開放黨禁和報禁以來，言論已無限制。今天在媒體、在議會、在學校、在社團、在街頭巷尾，不是「人人能講話」，而是人人講了太多的話。為了讓別人聽得見，我的聲音一定要比你的更大。為了引人注意，我的主張一定要比你的更強烈、更激進。於是我們的社會被撕裂了，我們的生存秩序被破壞了，我們國家的目標愈來愈模糊，而前途也愈來愈不確定了。

高尚全教授和周立波先生，請你們來台灣「自由行」，回去想一想，與你們的名言參對一下。

（二〇一四年六月十九日《聯合報》）

16 在安德海故宅，思前想後

歷史是最具資格的政治評論員，很嚴苛，但也很公正。

春節訪北京，住「竹園賓館」。賓館前為四合院，後面有花園，曲徑迴廊，串連套房四十間，看模樣就不像旅館的建築。據當地人士說，此處原為慈禧太后得寵太監安德海的產業（亦有傳為李蓮英者），後為郵傳部尚書盛宣懷的宅邸，「新中國」成立，毛澤東的親信、特務頭子康生也住過。

安德海，一「閹豎」耳，居處竟如此鋪張奢華，足徵當時清廷政風腐敗已深，而制度式微亦不足維繫朝綱，無怪覆亡之不遠。

中共標榜無產階級。但無產階級一旦執政，其普天之下、率土之濱的想法，似亦無殊於任何其他政權，同樣要「享受」打下來的天下。康生住盛宣懷、安德海的房子，實已預告了今天大陸官場貪瀆的風尚。

山東巡撫丁寶楨，以太監不得擅自出京為由捕殺安德海，為清末政壇一件大事。據薛福成《庸盦文集》記載，同治八年夏，他去保定，道經山東訪丁寶楨，「公留之宿，與語天下事，逾二旬不倦。將別，公嘆曰：方今兩宮垂簾，朝政清明，內外大臣，各司其職，中興之隆，軼唐邁宋。惟太監安德海稍稍用事，往歲恭親王去議政權，頗為所中，近日士大夫漸有湊其門者，當奈何？有間，復言曰：吾聞安德海將往廣東，必過山東境，過則執而殺之。」

這一大段話，所謂「朝政清明」、「軼唐邁宋」等等，都是官腔：「惟太監安德海稍稍用事」以下文字，才是實話。就是這麼點實話，還說得吞吞吐吐。一個太監能使恭親王去議政權，又使士大夫湊其門，這還算「稍稍用事」嗎？

小安子伏誅，據《庸盦文集》說，李鴻章讀到京裡來的邸抄：「矍然起，傳示幕客」。呼丁寶楨的號說：「稚璜成名矣！」曾國藩告訴薛福成：「吾目疾已數月，聞是事，積翳為之一開。稚璜豪傑士也！」以李、曾之聲望地位，明知安德海誤國禍國，卻未為抑止盡力。是不能也，還是明哲保身而不為也？嗚呼！行止有節大臣之不易得，此處又得一證。

那夜在賓館走廊上徘徊，遙想慈禧當年，三十歲而寡居，有謂安德海之地位，亦若武則天時代之張易之。此事固為野史家言，若真有旖旎之事，也必在宮中，太后萬無臨幸太監私宅之理。是則偌大一所庭院，真不知安德海如何度用？

其實，若謂寵臣廣廈之多，恐無過於乾隆朝之和珅者。和珅抄家，清單上所列的房產，合計屋舍二一一九間，花園兩所，樓台一一八座，僅更夫就有一二〇名，煌煌然若阿房宮矣！

至於查抄的金銀珠寶骨董，數量更是驚人。據嘉慶四年（一七九九年）二月十一日上諭，清單上共列有一〇九筆，已估價者二十六筆，計值白銀二萬三千二百八十九萬五千一百六十四兩，還有八十三筆未估價。依後人計算，如全數估完，還要乘以三點五倍，故總值約八萬萬兩。

八萬萬兩是多少錢呢？請看：

當時清廷每年歲入是七千萬兩，十一年的國家總收入還趕不上和珅一人的財產。

甲午之戰，中國賠款二萬萬兩，後又以三千萬兩贖回遼東半島，合計二萬萬三千萬兩。庚子拳亂，賠款四萬萬五千萬兩。甲午、庚子兩役合計賠款六萬萬八千萬兩，全體中國人深感負擔沉重，但若由和珅獨力償付尚綽綽有餘。

一個政府，若有人弄權用事，滿朝文武卻只有李鴻章、曾國藩而無丁寶楨；若貪墨成習，上下逐利，大家卻不以為怪也不以為恥；則這個政權如何還能長久？歷史的發展也許有點曲折，但最後一定會與真理相契合。因此，歷史是最具資格的政治評論員，很嚴苛，但也很公正。

和珅於「賜死」之前，在牢裡寫了一首詩，其中有云：「對景傷前事，懷才誤此身。」和珅有多少「才」，後人不確知，但他大大有「財」，卻史有記載。今世雖無抄家賜死之事，但不義之財太多，必會「懷『財』誤此身」，增加其他災難的機會。這一點，很多人看不穿、想不透；而官愈大、財愈多、掌權愈久的人，就愈看不穿、想不透。

二〇〇〇年總統大選，候選人都說要清明政治、消滅貪污。但試數歷朝歷代的執政者，有幾人開始時沒有這樣的志向？當他們做不到時，自己「懷財誤身」事小，只是也誤了天下蒼生。

（二〇〇〇年三月十二日《聯合報》）

17 吳哥窟前的「閒愁」

一個政府，不做壞事，比不做好事更要緊。

到柬埔寨訪吳哥窟回來，眼裡、心裡一直浮蕩著那些古建築暗綠、肅穆而又蒼涼的顏色。神馳千載，重回人間，於時光交錯中，無端起了一番「閒愁」。

吳哥窟是一組神廟的建築群，多成於十二世紀，由千萬塊巨石堆成的「小山」做底座，上面再由同樣的巨石砌成神廟、神壇和神像。那時當然沒有起重機，甚至連兩輪的車子恐怕都沒有。這些大石塊怎麼搬來的，怎麼疊高的，用什麼樣的工具切割雕琢的，都令人難以想像。這樣的工程，耗費大量人力是不用說的，僅小吳哥窟就建了三十年，多少家庭要因而分離破碎？多少柬國的孟姜女要哭倒在吳哥窟的城牆腳下？

中國的長城用來抵禦外侮，還有國防上的功能；像吳哥窟、金字塔、泰姬瑪哈陵、羅馬競技場、秦始皇墓，凡此種種，只是為一人或少數人的宗教、娛樂目的，或身後的浮名虛榮，不惜驅使人民走上勞苦和死亡之路。

當然，一位仁民愛物的君主，既體恤民力，又珍惜物力，不建窟，不造塔，不築陵，最後就什麼「紀念品」也沒有留下。中國人現在不是以兵馬俑自豪嗎？我們去西安看兵馬俑的三個坑，誰還會想到附近有多少合葬當時死亡工匠的坑？

文景貞觀之治也頗有內涵，雖然只是寫在書本上，缺少像反面教材那樣的「實體證物」；但千載以下，也能使人常念不忘。只看「數風流人物」的那些人，怎樣去做選擇。

柬埔寨原稱高棉，面積有台灣的五倍大，人口只相當於台灣的二分之一。這個國家歷史複雜，一九五三年自法國殖民統治下獨立後，武力內鬥就沒停止過。尤其以恐怖和高壓統治的波布政權，把高棉變成了「殺戮刑場」（killing field），前後屠殺民眾約三百五十萬之多，是當時高棉人口的一半。

內戰中的高棉，與國際社會完全隔絕，人民貧無立錐，國家一片荒涼。一九九三年在聯合國監督下建立君主立憲國家，改國名柬埔寨，算是恢復了秩序，但其百廢待舉的情形可想而知。

今天柬國平均國民所得為三百美元，台灣是一萬四千元。就吳哥城附近所見，他們是活在圾垃場上。因為營養不足，大人孩子都很瘦弱。

所幸不打仗了，人民可逐漸恢復生產，外國人也敢來遊歷，去年到吳哥窟旅遊的有五十萬人。在各觀光景點上，婦女和兒童追逐並包圍遊客，兜售風景明信片及小紀念品，也有直接伸手要錢的。客人可能覺得這麼亂有點「不成體統」，或者對他們感到同情，但他們渾然不覺，臉上流露著快樂滿足的神色——不打仗了，可以做一、兩塊錢美元的生意，多幸福啊！

尚在泥淖中掙扎待援的柬國政府，大概還沒有力量做出什麼宏遠的建國計劃。但是那一點也不要緊，一個政府不一定要有能力做好事，能不做壞事也就不錯了。它只要給老百姓一個「可以生活的環境」，百姓自會安排自己的生活。

希特勒當年想使德國成為一個「種族純潔」而雄霸世界的強國，毛澤東想把中國大陸造成「社會主義的天堂」，但都給人民帶來空前浩劫。

凡自許為雄才大略的領導人都應該記住：民眾實在沒有多麼了不起的「遠大志

向」，他們只要平平安安的過日子，有工作，有收入，能照顧家庭，教養子女，暇時喝杯小酒，下盤棋，於願已足。這樣的「期求」，應該不算過分吧！

但是，不好大喜功的百姓比比皆是，而不好大喜功的領導人卻鳳毛麟角。上述卑之無甚高論的「期求」，卻是歷史上少見的「盛世」。我的這點「閒愁」，或者就不是等閒之事了。

（二〇〇二年二月二十四日《聯合報》）

第三部

台灣只能是「短暫的富裕」？

根據阿根廷知名學者葛隆多納的研究，在國家經濟發展的過程中，從一個階段進入下一個階段時，會出現誘惑。如能抗拒這些誘惑就可達成發展，否則，就只有短暫的富裕。

誘惑是些什麼呢？是人民覺得富有了，就減少工作量，國家也不再投資於生產建設。

1 不建設，就完蛋！

沒有建設，溺於內耗、空轉，台灣就沒有明天。

在美國大學教書的人，要不斷發表研究論文，否則就不能維持學術地位，甚至學校也可能不再延聘，故他們有「不發表，就完蛋」（publish or perish）的說法。

在台灣，二〇〇四年總統選舉雖然結束了，但國家百事待舉，很多建設等著去做，我們要立下目標，來督促和勉勵自己才行，用「不建設，就完蛋」這樣的說法也許並不為過。

談建設，要先來談談這次選舉。一位國家領導人競選連任，不外乎三項條件：第

一、政績；第二、人品德望；第三、國內外形勢。

這三點，阿扁似乎都不充分。以言政績，近四年來，國家債台高築，經濟成長倒退，失業率高，社會不穩定，民眾內心普感焦慮與不安；以言人品德望，阿扁的誠信問題一直受到挑戰，選舉末期陳由豪所提關說、餽贈的說詞，使阿扁及第一夫人的清廉形象受損；以言國內外形勢，國內族群裂痕被選舉操弄愈撕愈大，四年來兩岸來往幾完全中斷，台灣安全素以為賴的美台關係因「公投」一事搞得互信全失。三項要件無一完整，按理說，對阿扁都是不利的。但是，投票前夕的那一槍，左右了選情。

所以，連任成功的阿扁應該理解，人民對他的支持，恐怕並非滿意於他的政績，而是別有原因，何況還有將近半數的民眾沒有把選票投給他。想到這裡，阿扁應該謙卑一點。現在是第二任了，要認真做個「總統」，不能再是一個「總統候選人」。

總統是國家領導人，有責任提供人民一個「快樂」與「希望」的生活環境。快樂，要社會和睦，且豐衣足食。社會要和睦，首須族群融洽才做得到。什麼本省、外省，什麼福佬、客家，什麼「香港腳」「外來政權」等等，都應該收斂，都應該隱入歷史。一個動盪的社會，沒有人能生活得安穩。至於豐衣足食，那當然要致力於創造財富，經濟發展本是台灣的強項，我們過去成績斐然，只要政府排除「非經濟因素」的干擾，讓民間能發揮潛力，我們的經濟第二春是不難再現的。

這些年來，台灣人心是相當苦悶的，因為國家沒有目標，因而也沒有「希望」。台灣與大陸究竟要維持怎樣的關係呢？陳總統的「四不一沒有」還存在嗎？有些人一直有「建立新而獨立國家」之想，但可能性有多少？代價有多大？人民是否支持？這些都未經充分討論。阿扁連任後，應該對這件事仔細思考，不論是獨立、是維持現狀、還是趨向統一，都應該對人民說清楚，讓大家知道努力的方向，不能再糊里糊塗地過日子。

選舉也許結束了，但建設才開始。我們既需要有形的物質建設，更需要無形的精神建設。沒有建設，還是溺於內耗、空轉，台灣就沒有明天。

（二〇〇四年四月號《遠見雜誌》第二一四期）

2 台灣只能是「短暫的富裕」？

國家發展過程中所受到的誘惑，我們抵抗得住嗎？

「金石堂書店」發布「二〇〇三年六月份台灣暢銷書排行榜」，非文學類的十本書中，有四本企管類，兩本理財類，四本勵志保健類。這些書的主旨，說得簡單一些，就像其中一本書的名字一樣——在追求《億萬富翁的賺錢智慧》。

十本書，沒有哲學，沒有宗教，沒有歷史，也沒有科學和文化。不僅今年六月份是這樣，長期以來，大抵都是如此。

當然，哲學、宗教、歷史、科學和文化沒有進入暢銷書排行榜，並不代表沒有書店出版這些書，沒有人讀這些書；但是多數讀者趨向企管和理財，而薄哲史宗科文，其中透露的訊息，著實叫人深思。

閱讀企管，鑽研理財，必須有企業才好管理，有財富才好經理。嘲諷的是，近年企管的書出得多了，但企業卻少了、跑了、萎縮了；理財的書出得多了，但國家的、個人的財富卻愈來愈縮水了，連未出生的子孫每人都欠了債。所以，大家應該注意的、探討的，是如何振興企業、積累財富，這才符合本末之義。

台灣為什麼會家道中落？請來看美國哈佛大學教授杭廷頓不久前說的話。他指出，一九六〇年初期，迦納與南韓經濟狀況非常相似，國民所得差不多，幾乎都是以原料出口為主，兩國也都接受相同程度的經濟援助。三十年後，到了一九九〇年代，南韓變成工業大國，擁有跨國企業，是世界第十四大經濟體，而迦納依然故我，國民所得只有南韓的十五分之一。解釋這種懸殊的差異，杭廷頓認為，南韓重視節儉、投資、努力工作、教育、組織與紀律；而迦納的價值觀卻不一樣。

就杭廷頓所提出的項目，我們來檢查一下台灣這些年來的情況。

節儉：吃穿用度日漸奢華，政商名流帶頭示範，在營服役的豪門子弟開數百萬元的名貴跑車。

投資：要企業家投資先要有良好的投資環境，台灣現在的諸般措施，只會把企業家往外邊趕，德國拜耳藥廠即為顯例。

努力工作：一般人把休閒、旅遊置於工作之上。若不是引進外勞，很多重活都沒有人幹了。

教育：教改愈改愈糟。大學已超過一百五十所，但教育品質江河日下。

組織與紀律：組織似只為人群對壘之用。事事抗爭已使紀律蕩然，社會騷動。

迦納是一個從來沒有富裕過的國家，台灣已經有了高所得，兩者情形並不一樣。那麼，台灣會走回頭路嗎？按照阿根廷知名學者葛隆多納長期研究的結論，很有可能。他是這樣說的：

——國家經濟發展的過程中，從一個階段進入下一個階段時，會出現誘惑。如能抗拒這些誘惑，就可達成發展，否則就只有短暫的富裕。

——誘惑是什麼呢？人民覺得富有了，就減少工作量，國家也不再投資於生產，而把錢花在為領導人建立紀念館、戰爭、福利理想國，或是徹底的貪污腐化。

——要抵抗得住誘惑，國家需有價值體系。價值觀有兩種：一種是「固有的」，如國家榮譽、卓越、安全感，甚至建立帝國，是不會變動的；一種是「輔助的」，如追求利益，這是短暫的，一旦利益追求到，就失去了再努力的動機。所以，國家要維持發展，必須要有固有價值觀。

那就讓我們來看看，台灣的固有價值觀是什麼？似乎很難找得到。也許有人指出是獨立建國。但這是多數人認同的理念嗎？這回民進黨推動公民投票，社會大眾以為，可以藉此決定國家的定位，也未嘗不好，但最後變卦、反對的，卻是民進黨自己。

台灣現在的樣子，正像古人所說「盲人騎瞎馬，夜半臨深池」。一個沒有固定價值觀、沒有正確方向的國家，大概也只能是「短暫的富裕」吧！

（二〇〇三年七月二十四日《聯合報》）

3 國如失財，終將失國

以張公權的一則日記，映照今天的國情。

姚崧齡編《張公權先生年譜初稿》兩巨冊，由張本人提供資料，內容豐富而翔實。但後人發現，書中卻未使用張氏民國十六年到十七年間的日記。而這部分日記，正反映了當時南京國民政府的政治和經濟情勢，為治民國史的重要史料。

張公權民國十六年四月二十二日的日記寫道：

下午，光甫、震修自寧出席財政委員會回滬，來談，會中席上因胡漢民、陳果夫等不明財政情形，力主否認舊債，藹士、光甫、震修力辯之，頗多爭論。光甫甚為灰心，覺蔣旁缺乏賢助，尤以胡漢民是否能舉此重負為慮。蔣並邀光甫為財次，擬決辭。

其他各日日記中持有類似評論、懷有同樣憂慮者，亦復不少。

今之年輕人可能不知張公權為何許人。《人間四月天》電視劇不久前一再重播，歷時數月之久。徐志摩離婚妻子張幼儀就是張公權的胞妹。張氏曾任鐵道部長、交通部長、經濟委員會主任委員和中央銀行總裁。幼儀與徐志摩仳離後自歐返國，在上海開一女子銀行，即得公權之助。

光甫乃指陳光甫，是出身上海的銀行家，由於其個人信譽卓著，政府與美國洽商戰時經濟協助時，美方指定要由陳光甫代表中方。陳氏先後簽署了中美白銀協定、桐油借款和滇錫借款，對穩定當時幣值和充裕國家外匯，貢獻頗大。

但是在張、陳兩人眼裡，蔣中正身旁「缺乏賢助」，胡漢民、陳果夫等當國大臣，卻「不明財政情形」，所以他們「甚為灰心」，陳光甫因而不願就任財政部次長。

他們兩人的觀察並沒有錯。治理廣土眾民的一個大國，國民政府的財經人才顯然不夠，而領導人的認識也明顯不足。二十年間，國家從民生凋敝走到民窮財盡，因而人心盡失。等到蔣經國到上海打老虎時，更證明企圖以政治手段解決經濟問題的窮途末路。與其說國民黨在大陸被共產黨打敗了，倒不如說國民黨失敗的財經政策把自己拖垮。

國民黨退守台灣，痛定思痛，知富民乃強國之本，大批財經人才如尹仲容、李國鼎、陶聲洋、孫運璿、趙耀東等人進入政府；俞鴻鈞、嚴家淦、俞國華等人先後組成「財經內閣」；老蔣總統還遠從美國請來「六院士」，讓他們放手為台灣描繪發展的藍圖。於是，台灣創造了「經濟奇蹟」，台灣成為亞洲「四小龍」之一，台灣的國民所得超過一萬美元，台灣的外匯存底全世界數一數二。

但是，「世代交替」才不過十二、三年，看看台灣今天的經濟局面，股市、產業一片愁雲慘霧，失業率創新高，金融危機暗潮洶湧，政府債台高築瀕臨破產，國內外投資者均缺乏信心……。更嚴重的是，政府各部門發言盈庭，但都是說大話，說言不及義的空話，就是拿不出實際行動。

十二、三年竟一至於此，原因無他，就像張公權日記中所顯示的，領導人自身認識不足，身旁又「缺乏賢助」，而當國大臣也「不明財政情形」，相率以上命是從。在這樣的政治風氣下，危機之來，豈是意外？

中國的古諺說：「人為財死，鳥為食亡。」乃指人不可聚歛太甚，否則貪婪性成，必自取其禍。但國家與個人不一樣，政府的責任就是要藉財經手段使百姓發大財。當政的人應以此為唯一的「政治信仰」。他的「道德」與「良心」觀，也不能背離這一原則。

（二〇〇〇年十月八日《聯合報》）

4 李光耀的「天下」已無台灣

沸鼎飛幕，台灣人民從無惑乎？

「新加坡之父」李光耀最近出了一本新書《李光耀觀天下》，縱論世局，臧否人物。「天下文化」中譯本全書三百六十頁，談中國、談美國、談歐洲，亞洲連緬甸都有專章討論，卻未著墨台灣，只在中國大陸的章節裡偶見台灣的名字。

新加坡和台灣是當年「亞洲四小龍」的同班同學，台灣可能還是班長。李光耀曾自承，得到過台灣的幫助。他與蔣經國私交甚篤，星國空軍在台受訓，據說李太夫人曾長期住台休養，所以李光耀前後訪台二十五次之多。但大夫無私交，國家關係與私人友誼不能長期並存。

幅員和人口都和台北市相若的新加坡，當年被馬來西亞一腳踢開時，連飲用的自來水都成問題，很少人相信新加坡可以存活。但李光耀使它活下來，而且活得很好，從第三世界爬升到第一世界，在第一世界也是名列前茅。李光耀每有發言，全球菁英都注意傾聽。美國前總統布希稱頌《觀天下》這本書：「對於在亞洲乃至世界各地發生的事件，我同許多其他領導人一樣，經常聽取李光耀明智而且總是坦誠的看法。他不斷探索的頭腦、敏銳的分析和戰略性的視野，使新加坡成為世界一股獨特力量。這本書蘊藏的智慧和對人性的洞察，將受未來領導人珍惜。」

開發中國家，包括大陸和台灣，都曾努力研究新加坡的成功之道。其實李光耀一點也不藏私，他在回憶錄、演講和《觀天下》這本書裡，一再重複新加坡建國有成的兩大支柱：

第一是統一語言並與國際接軌。新加坡人口華族占七〇%以上，李光耀本人也是華裔，建國之初有人提議以華語為國語，李光耀堅持以英文為通用語文，學校一律用英文教學。他也反對把華人的方言如廣東話、閩南話等等，列入學校教程。這樣就順利和世界接軌，使新加坡具有堅強的國際競爭力，也避免因華人說不同方言而把社會撕裂。

反觀台灣，在公車和捷運上，用四種語言報告下一站站名。先是國語，接著是閩南語、客家語和英語。有時車子已到站，四語尚未說完。但在台灣這種複雜的社會背景下，誰敢提議精簡？語言政策是國家大政方針之一，舉一反三，其餘可思過半矣！

李光耀認為星洲成功的第二大因素，是開放社會。新加坡腹地小，沒資源，必須對外開放，吸引外人投資，外資把技術、管理和市場帶進來。而且新加坡鼓勵移民，以彌補島國人才和人力之不足。

而台灣呢？鎖國。外人沒有投資機會。人才進不來，連大陸學生都在排拒之列。現在台灣的技術人才，反而向外移民了。

李光耀還有幾句話，我們聽了不知是何滋味。他說，新加坡如果推動真正的兩黨政治，則必然「走向平庸」。因為「最優秀的人才不會選擇從政，參選得冒很大風險，競選活動會變得非常不文明，甚至卑鄙惡毒。」台灣正以民主政治自詡，這話聽來十分「反動」。但是看看台灣今天的局面，豈僅「平庸」而已。也只有「平庸國家」的外交部長，會鄙夷新加坡是個「鼻屎小國」。

李光耀《觀天下》，他的「天下」已無台灣。其實，台灣僅有的一點「昔日輝煌」

餘光，也漸漸暗澹了。《華爾街日報》日前發表評論，認為台灣「自甘落後」（Taiwan leaves itself behind）。國家的危亂與困局，有多少人在意？政客不知亡國恨，立院猶自鬧翻天。

南朝丘遲《與陳伯之書》：「將軍魚游於沸鼎之中，燕巢於飛幕之上，不亦惑乎！」台灣的沸鼎飛幕之危，大家應該警惕了吧！

（二〇一四年八月八日《聯合報》）

5 台灣的大亂要開始了？

從王建煊的話想到曾國藩。

馬英九總統前天邀集五院院長例行茶敘，感謝他們的辛勞。監察院長王建煊在會中講了一則「警察抓小偷」寓言，暗諷捲入關說司法的立法院長王金平及民進黨總召柯建銘。他說，為了抓兩個小偷，警察躲在暗處多時，終於逮到他們，結果小偷卻反過來指控警察「怎麼可以躲在暗處？」墮落的媒體也跟著罵，甚至引導輿論走向。結果這個警察被起訴了，兩個小偷反而洋洋得意，整個社會沒有人去檢討這兩個小偷到底偷了什麼。所以他說，「我為台灣未來擔心，台灣變成毫無理性、是非，司法正義被扭曲，公理無法彰顯。」

前天總統的茶會，王金平因事請假。有人或認為，王金平不在，王建煊才會講這番話。若這樣想，那就「低估」了王建煊。今年六月二十九日，由王金平擔任理事長的「民主基金會」，舉辦「見證台灣民主系列論壇」，請行政院前院長郝柏村主講，王建煊在演講後的討論時發言：「兩蔣時代，台灣從一個小島躍升為亞洲四小龍之首。但總統直選後，國家一直吃老本，而且不知谷底在哪裡？也不知將來台灣會變成什麼樣子？」他特別指出立法院的亂象，遠離了民主規範。王金平則解釋說，民主重協商，立法院是「亂中有序」。二王的話哪一位比較真實，大家都可思索評定。

王建煊是很在意社會公平正義的。他在李登輝總統任內擔任財政部長，當覺得總統不容許他的土地和金融政策走向公平正義時，即掛冠求去。去年他寫《公平正義何處尋？》一書，自己做出答案：「人人都希望公義，所以人人心中都有一把開啟公平正義之門的鑰匙。一句公道話、一份同理心、一股伸張正義的勇氣，讓公平正義無所不在。」

因為追尋這個目標，他對社會不公義的事常勇於發言。也許有人認為他講得太多了，但這不是多少的問題，而是對錯的問題。國人樂聞喜鵲，厭惡烏鴉，胡適在一首詩裡以烏鴉自況說：「人家討厭我，說我不吉利，我不能呢呢喃喃討人家歡喜」。

知我者謂我心憂，不知我者謂我何求。王建煊的烏鴉嘴，使人想起清季名臣曾國藩的話。他說，「社會大亂之前，必有三種前兆：一、無論何事，均黑白不分。二、善良的人，愈來愈謙虛客氣；無用之人，愈來愈猖狂胡為。三、問題到了嚴重的程度之後，凡事皆被合理化，一切均被默認，不痛不癢，莫名其妙地虛應一番。」

司法關說的案子，眼看就是被合理化，被默認，被不痛不癢，被莫名其妙的虛應一番。

台灣社會的大亂，是不是要開始了？還是已經開始了？

（二〇一三年十一月三十日《聯合報》）

6 台灣是全世界最難存活的國家之一

此說絕非危言聳聽，相信是很多人都感覺到的，只是出於我們對這塊土地的感情及懷抱的期望，不忍直言耳。

馬英九的老師美國哈佛大學教授孔傑榮說：「台灣總統做的是世界最難的工作之一。」此話信然。這未必是「遠來的和尚會唸經」，而是孔傑榮為法政學者，又與台灣有一定的距離，故較我們看得更清楚也。

如果引申孔傑榮的話，也許我們可以說，「台灣是全世界最難存活的國家之一」。

一個國家要想生存於世界，為萬邦列國的一份子，撇開領土、人民、主權的傳統之說，至少還要有下面三個條件：

第一、國家要有目標。有了目標，才有努力的方向，才知道要做些什麼，怎麼做，為什麼要那樣做。

那麼台灣有什麼國家目標嗎？幾十年來有些人高談「台獨」，好像「台獨」是國家未來的一個選項。但這個選項早已幻滅了，遠的不說，不久前的五月二十四日各報都刊載，前總統李登輝接受《財訊》雜誌專訪時表示，台灣面對國際上的困難，「喊台獨沒有用了」。前民進黨主席許信良認為，李登輝在這個年紀發表這樣的談話，「其言也真，其言也善」。

不獨立，那麼與大陸統一好不好呢？歷次民調，反對者多。於是馬英九提出「不統、不獨、不武」的現行政策，讓兩岸求同存異，和平發展，等到有朝一日雙方制度接近了，條件成熟了，再談融合之事。從目前各方面的情勢來看，還有什麼比「保持現狀」更好的選擇嗎？但就是這項對台灣有利益的政策，也受很多人杯葛與反對。

台灣究竟要什麼？目標在哪裡？誰說得出來？於是，生活在台灣的人充滿了焦慮與不安，大家都顯得心浮氣躁，不能全心全意於工作。

第二、人民要能團結。民主國家必為多元社會，一定有不同的聲音，反對的意見。但「不同」與「反對」在經過討論之後，會得到由多數人所支持的結論，這時少數意見者就應該尊重多數，因為那項結論較有可能符合「最大多數人的最大福利」。如果各持己見到底，則社會就會失去價值標準，跟著就會失去秩序。

美國專欄作家佛里曼最近出了一本新書《我們曾經輝煌》，討論「美國在新世界的生存關係」。佛里曼坦白承認，「美國生病了，無論在經濟上或政治上都是如此。我們想藉由這本書解釋美國何以落入今日的狀況，以及應該如何脫身。」

按照佛里曼的說法，政治上的病因就是因為反對黨的一意孤行，「不管是什麼，我都反對到底」，於是政府形同癱瘓，國家一事無成。

佛里曼說的是美國，但是你不覺得很眼熟——這不就是台灣的寫照嗎？多年來政黨的對立、族群的撕裂，國家內耗空轉，少數有政治野心的人竊喜其計得逞，多數望治心切的百姓只能空自著急。

第三、要有適當的國際生存環境。國家亦如自然人，要有親戚，要有朋友，平時有交往，困難時相互幫助。台灣雖與大多數國家沒有外交關係，但都有實際來往，看起來並不孤單。不過當利害關頭時，情形恐又當別論。

台灣最大的隱憂當然是大陸。大陸一直聲稱台灣是中國的一部分，且一直沒鬆口，必要時將武力解決台灣問題。在馬政府的和解政策之下，目前看似平靜無事，但這個局面能拖多久，誰也不知道。

當然，美國現在利用台灣抑制中國大陸的發展，所以一定會保護台灣。但台灣一旦失去「利用價值」時會怎樣？美國出賣盟友的紀錄，不彰彰在人耳目嗎？

一個國家生存最重要的三個條件，我們都嫌不足，亡羊補牢要急起直追：政黨消弭歧見，同胞和衷共濟，努力創造國家的實力，以抵禦來日的風雨。

但是，我們做得到嗎？

（二〇一二年六月八日《人間福報》）

7 李國鼎．葛林斯潘．台灣的未來

不錯，台灣有了「批評政治」的自由，但我們似乎正逐漸要失去「政治」。

民國五十四年，我是報館派駐高雄市的記者。那時加工出口區、大鋼廠、高雄第二港口等重大建設，都還在紙上談兵。英年的經濟部長李國鼎，站在海濱剛填出來的新生地上，規劃台灣第一個加工出口區。他凝神眺望遠方，似在憧憬著國家的經建前途。

我問：「部長！將來加工出口區不只這一個吧？」

他堅定的回答：「當然不只一個！我們會有好幾個！」

後來，我們不僅有了加工出口區，還有了科學園區。在他的擘劃與推動下，我們發展了電子和資訊業，有了宏碁和台積電。

台灣的經濟終於「起飛」。

民國八十八年二月間，李國鼎過九十歲生日，沒有「歡度」，反而很「不歡」的指出，由於政府政策的不當，台灣的經濟基礎快壞掉了。

美國《財星》雜誌更認為，台灣「經濟疲軟、出口衰退、資產泡沫破裂、股市崩跌，而且銀行呆帳過高」，所以預測台灣將是下一個發生金融危機的國家。

危機何來？《財星》只說現象，未說原因；李國鼎說了事實，仍不是原因。其實原因很簡單，就是「政商勾結」。

執政的黨為了鞏固政權，主政的人為了個人私心，以特權交換財閥與派閥的支持。「兩閥」藉政治勢力拓展財經勢力，而且為所欲為。不合法的事，官家給他「就地合法」；把企業掏空，把客戶的錢盜走，動輒幾十億，自有官家拿納稅人的銀子去「概括承受」。最近所謂房市融資、股市紓困，有幾成是為了大眾，有幾成是為了當局的大亨朋友？

台灣能創造「經濟奇蹟」，因為有尹仲容、李國鼎、孫運璿、陶聲洋、趙耀東等這批人。這些人也並非三頭六臂，只是當時的執政者，只替企業主創造發財環境，卻從不與他們私下往來；而在經濟事務上，又能放手讓部下做事，使「技術官僚」能發揮專業知能，卻無業界的挾持、左右。反觀今之主政當局，包山包海，內政、外交、國防、兩岸、財經無不一把抓。自己任命而又具有財經背景的行政院長，在金融危機來臨時，不僅不支持他做事，反而一天到晚放話羞辱他、打擊他。必須面對立法院的人，無權有責；不必面對立法院的人，有權無責。憲法修成這個樣子，國家怎能不亂？

主政者不守法，且以愛憎之心用人，害得滿朝文武都得了「軟骨病」。面臨金融要崩盤之際，似乎只有經建會副主委薛琦說了句實話：「該倒的企業就讓它倒。」這話符合自由市場的規律，也得到社會大眾的認同，但「高層」立即厲聲批判，嚇得薛琦趕緊把話吞了回去。想想最近紛傳跳票和財務危機的海山、安鋒及宏福集團，其主持人劉炳偉、朱安雄及陳政忠，哪一個不與當道關係密切？薛琦也未免太不知輕重了！

美國總統柯林頓一月十九日向國會發表國情咨文，其中有一項重要財經主張：從未來預算盈餘中，撥兩兆七千億元投入社安基金，而其中七千億元將進入股市，以擴大收益。美國中央銀行總裁——聯邦儲備理事會主席葛林斯潘第二天就發表演說，反對柯林頓的主張，他指出，七千億投入股市將損及美國經濟，而且社安基金投資將會受到政治力量的左右。

在台灣，勞工退休基金早就不斷去搶救股市了。不僅是受「政治力量的左右」，而根本就是政治力量在操作。我們的央行總裁或部會首長，誰敢講半句話？

政策制定不循常軌，主政者不依法行事，國會沒有監督能力，輿論界的批評也沒人理會，這就是台灣今天的民主政治。

提到輿論的批評，不錯，台灣現在有了「批評政治」的自由；但是，我們似乎正逐漸要失去「政治」。

（一九九九年二月十四日《聯合報》）

8 起來！不願子孫做外勞的人們！

凡是不願台灣淪為菲律賓第二的人，不願子孫將來做外勞的人，都應該醒醒了！

台北市很多馬路坑坑疤疤、凹凹凸凸，經建會主委江丙坤「路見不平」，打電話請市府設法改善。這件事報紙三月十日登出來，十一日上午市長陳水扁在市政會議中動氣，認為市府太沒面子，限期養工處在兩個月內把所有不平的馬路全部鋪平。

江丙坤的「實話實說」另有一例：三月三日在「中國國民黨中央委員會總理紀念月會」上報告「跨世紀國家建設計畫」，他嚴肅警告說，台灣的競爭力若爬不上去，將淪為菲律賓第二，那時我們的子孫可能就要去外國做外勞了。

國家淪為菲律賓第二、子孫到外國做外勞，要比市區馬路不平嚴重得多了。但是江丙坤的這些話似乎沒有得到政府部門和社會大眾應有的重視，連新聞界都愛理不理。

就拿三月四日北部幾家綜合性報紙來說：

《中央日報》：這家代表國民黨的報紙，對他們的重要從政同志、在「總理紀念月會」上的政策性報告，只在第六頁的「經濟理財版」上發一則約三欄高的簡聞。

《中國時報》：沒有找到這則報導。

《自立早報》：也沒找到。

《自由時報》：登在第十四頁的「財經快訊版」下方。

《聯合報》：登在第十九頁「經濟版」的左上方。

政府和民間對馬路不平能有及時反應，對國家可能淪為菲律賓第二卻如此遲鈍，這不是「明察秋毫之末而不見輿薪」麼？

我曾請教一位資深記者，為什麼新聞界輕忽江丙坤的大聲疾呼？答覆是：類似的話過去他也說過。誠然，江丙坤在經濟部長任內常為國家建設的牛步化多所發言，但從來沒有說得這麼痛切過。不管他的性子有多直，他總是官場中人，說話不會完全不顧政治氣候。現在他說得這麼白，這麼急，是不是發覺衙門中造假、敷衍的風氣愈來愈盛了（如玩弄數字指標）？是不是覺得時不我與了（人皆進步我獨不前）？果如是，則江丙坤「再接再厲」向朝野各方的「犯顏直諫」，不是更值得警惕麼？去年八月，行政院揭示提升國家競爭力政策，列出競爭力十大因素，其中如社會安寧、生活素質、基礎建設、政府效率和兩岸關係等重要項目，半年之後再來檢視，不是停滯不前，就是每下愈況，亞太營運中心也仍然只是口號！對此情景應該感到憂心的，豈僅江丙坤一人而已！

我們不願淪為菲律賓第二，但菲律賓怎麼淪為菲律賓的？菲國在天然資源、人口負擔以及民主化和國際化各方面，條件原都優於台灣。當台灣國民所得平均一百二十美元時，菲國已是兩千元了。但她的政治太不清明，貪汙營私，不恤民命，終於淪落。而近年來的台灣，政治傾軋、統獨爭論、金權遊戲、黑道猖獗、賄賂公行以及國會怠惰等等，把國家建設給拖住了。經濟消退多歸因於「非經濟因素」，與菲律賓衰敗主因同出一轍。江丙坤以菲律賓惕厲台灣，良有以也。

挽救之道或不只一端，但主要得走出政治泥沼，不能由少數人左右大家的命運。要選出好的公職人員來治理國家，選出好的民意代表來監督治國之人。要選出這樣的人，必須選民投票時有鑑別能力，必須不拿選票換鈔票，必須不受煽動和脅迫，必須不被政客們幾句大話和官話弄得暈頭轉向。有了這樣的選民，民主才有可能，國家才有希望，人民也才得自救。

（一九九七年三月十六日《聯合報》）

9 殺雞取卵要先有雞

打著燈籠在台灣找餵雞的人。

馬英九總統日前在華人企業領袖遠見高峰會上，呼籲立法院儘快審查兩岸服務貿易協議。他說，照目前的速度，要四個月後才能開始審查，是台灣「不可承受之慢」。他鄭重指出，服貿協議不是為了政府，不是為了國民黨，更不是為了他個人，而是為了台灣的前途和人民的福祉。

我在現場聽他的演講，但第二天報紙多提到「不可承受之慢」，後面這段話就省略了。它是「老生常談」嗎？我覺得是「饒富意義」。

政黨執政，常為一黨一人之私，不惜做損國以利己之事。馬英九敢這樣說，就是讓大家檢驗，如果發覺那是實話，我們就可以反問：阻撓和拖延服貿協議的人，心中有無台灣前途和人民福祉？

服貿協議對台灣到底有多重要？各方討論有三要點：

第一、大陸不僅早已成為世界工廠，也是世界市場，全球各國無不垂涎那塊大餅。台灣不通過服貿協議，等於把自己關在大陸市場門外，處境本已十分艱困的台灣製造業和服務業就分不到餅，生機將更為危殆。

第二、世界各國多互簽自由貿易協定，以減免關稅使貨暢其流而互蒙其利。大陸是一崛起中的大國，過去兩岸又長期對立，如果我們不先與大陸簽服貿協議，則與其他國家簽自由貿易協定就有困難，因而失去國際競爭力。台灣是一海島，賴出口生存，後果何須多言。

第三、立法院不僅延宕了服貿協議，有些委員還打著「愛台灣」的旗號，聲言要逐條審查，並片面修改條文，這在國際上是從來沒有的事。如果真這樣做了，台灣就別想再走出去。經濟不僅是「悶」，恐怕還要「窒息」。

服貿協議盡善盡美嗎？當然不是！鴻海董事長郭台銘說得好：「大陸肯定是我們

最大的市場，不能不要。服貿協議短期內對某些中小企業有些衝擊，政府應思考配套措施，將利益極大化，衝擊最小化。」當然，如果有更好的替代品，服貿協議也可以不要，但反服貿的人，就像他們反對其他人事物一樣，從來都不說理由，也不提替代方案。

今天台灣的競爭對手，仍在亞洲四小龍圈子裡。教人感慨的是，從前是龍頭的台灣，現在是「龍擺尾」，而且可能被逐出「龍群」。君不見新加坡副總理尚達曼去年說，新加坡如果阻止外國人才進入，將會重演「台灣故事」，在全球競爭力中淪落。韓國早已不把台灣看在眼裡，中山大學社會科學院院長林文程日前說，「韓國已將台灣做為新興國家失敗的案例在研究」。

當年不唱「愛台灣」口號的蔣經國、李國鼎、孫運璿這些人，創造一個「開放的台灣」，才能有「台灣經驗」和「台灣奇蹟」。現在「愛台灣」不離口的人，卻使台灣「鎖國自閉」，掐死自己。

為了政黨和個人選票，社會福利愈多愈好；為了杯葛政府，反對愈多愈好；這是殺雞取卵的做法。殺雞取卵也要先有一隻雞。那就讓我們打著燈籠找一找，看看有多少人願意給台灣這隻奄奄一息的雞餵幾粒米。

（二〇一三年十一月七日《聯合報》）

10 台灣人民以「縱情發洩」自戕

與咸豐用「醇酒美人」的方式有何兩樣？

清朝到了道光年間，敗徵早露。等到咸豐即位，國家更是危機四伏。鴉片戰爭的巨額賠款，致國庫空虛，民生凋敝。不久太平天國事起，迅速席捲全國。列強乘機再以武力需索，英、法聯軍火燒圓明園。咸豐逃至熱河避暑山莊，知國事不可為，乃縱情於酒色、看戲、狩獵和出遊等享樂。歷史稱他「以醇酒美人自戕」。他三十一歲就死了，留下的「美人」之一是慈禧。

「醇酒美人」這樣的條件，非一般人可得。其實，人若想逃避現實，無心面對困難，有各種方法可以「自戕」。譬如，遁入深山，長年面壁；飽食終日，言不及義；袖手乾坤，萬人如海一身藏。總之，只管個人的日子，不問民間疾苦、子孫禍福，這是另一種形式的「自戕」。

台灣人民似乎也正在「自戕」，只是方式不一樣——他們用的是吵、打、怨、罵。「真理愈辯愈明」這句話，在台灣好像行不通，因為在台灣很難講理。「公說公有理，婆說婆有理」，這理就可以講，因為承認對方有談自己理由的權利。如果「公說公有理，公說婆無理」，就無法講理，因為理已為公所獨占，對方已無從置喙了。所以台灣社會，尤其媒體，雖發言盈庭，整天吵成一團，但仔細分析，絕大多數只是「一面之詞」，沒有充分發言權的「弱勢團體」，包括本應對社會有影響力的學者專家，自覺沉默是金也。

一個文明的民主社會以數人頭代替揮拳頭，而台灣屢見以「公民」之名進行街頭抗爭，攻擊警察，蛋洗官署，甚至要「拆政府」。至於已政黨輪替兩三次之後的立法院，打架、潑水、占主席台仍是家常便飯，置各種重大建設法案於不顧。

國家無法度，社會無秩序，本國企業每想遷出，外國企業不敢進來，沒有投資就沒有生產，沒有生產就沒有成長、沒有就業，國民不檢討原因，只會心生怨懟，凡事都認為政府失能，寖假以罵總統來解愁消恨。

總統、政府負責治理國家，很多事不能逃避，但人民也要給他們協助，讓他們有做事機會。以與大陸簽署「服貿協議」而論，社會一部分人倡言反對，在立法院也受到杯葛。「財經立法促進院」八月底召開「二〇一三財經立法高峰會」討論這件事，副院長張五岳教授直言，經貿自由化是台灣唯一出路，而要自由化就必須簽「服貿協議」。他強調：「台灣若在區域經濟邊緣化，無論藍綠，二〇一六年就算如來佛當總統都難救。」這種話，有多少人聽進耳裡？

台灣主要競爭對手是韓國，兩國出口項目和出口地都高度重疊，韓國目前簽訂生效的FTA已涵蓋四十六個國家，台灣還只有個位數。台灣再不振作，將來就會悶死。像這麼「人命關天」的局面，又有多少人願意伸出頭去看看世界？

若台灣人民不用眼睛眺望不同的地方，不用耳朵聆聽不同的聲音，只用嘴巴吵架咒罵，只用拳頭逞凶鬥狠。說穿了，也是不敢面對現實，以逃避的心理縱情與發洩，和咸豐的「醇酒美人」沒有兩樣，都在「自戕」。

（二〇一三年九月十二日《聯合報》）

第四部

自由而無秩序，終將失去自由

今天的台灣，人人都想把自己的意志伸張到極限，誠所謂「典章制度豈為吾輩而設」？有自由而無秩序，結果是人人都將失去自由。

1 言論自由有無界限？

一個國家若無言論自由，其他自由都談不上；但過分濫用言論自由，則將危及其他自由。

一個國家如果沒有言論自由，就絕不可能有其他自由，自然包括政治自由在內。承襲洛克、盧梭和孟德斯鳩等人的民權思想和自由精神，美國開國諸賢對言論自由的重要性認識得非常清楚。

傑佛遜說過一句屢被後人傳誦的話：如果必須在有政府而無報紙，或有報紙而無政府兩者中選一個，我將毫不遲疑的選擇後者（Were it left to me to decide whether we should have a government without newspapers, or newspapers without a goverment, I should not hesitate to prefer the latter.）。而美國憲法修正案第一條也嚴格規定，國會不得制訂法律以剝奪人民的言論和出版自由。

言論自由備受爭議

但是，什麼是言論自由？有沒有不可自由的言論？向來是民主政治中最難處理的問題。因為第一、言論問題有時相當抽象，不易界定；第二、當年立說制法的大儒碩彥，除了報紙之外，根本沒預見會有廣播、電影、電視、甚至錄影帶和電傳等諸般表達言論的傳播工具；第三、時代和環境變動不居，言論自由的施行，總難完全避免與某些現實條件的糾葛。

近來美國法院對一些言論自由案件的討論和裁量，頗能顯示上面所說的複雜情況。

印第安那州一家酒吧和一家成人書店，為了表演裸舞受州法取締而向法院抗告，初審敗訴，二審勝訴，上訴法院認為裸舞是一種「天生的表達方式」，受憲法修正案第一條的保護。但三審的最高法院今年六月二十一日以五對四票裁決，裸舞得以公然猥褻罪起訴，這是保護社會秩序和道德，根本不涉及言論自由。

美聯社報導說，這項裁決主要是依據一九六八年把燒毀徵兵令視為罪行的判例。聯邦最高法院當年裁決，政府官員配合一些「言論」所展現的「非言論」部分行為加以管制，並不違反憲法修正案第一條。

一般人看裸舞，不外乎尋求色情刺激。首席大法官藍奎斯特在本案裁決書中指出：「規定舞者著遮羞布以維持三點不露，並不減損這群舞者所傳達的色情意味，只是使這種意味不要那麼露骨罷了！」

紐約州南漢普頓居民馬修・達克為一藝術家，經常不穿上衣上街，被當地法律禁止，並罰款一萬元。此君力爭最高法院覆審本案，認為穿衣的方式是個人的「基本表達自由」，為憲法所保護。但最高法院今年六月十日裁決，拒絕審理這項地方法律是否違憲的問題，認為禁止在公眾場所不著上衣的規定應繼續存在。

南漢普頓當局說，他們的法律是「中性」的，如宣布該法違憲而不成立，等於是允許男女兩性都有權半裸上街。

舊金山KQED電視台去年提出訴訟，要求聖奎丁州監獄在煤氣室處決死囚犯時，應准許電視台現場攝影，因為觀眾有「知的權利」。今年六月七日聯邦法院判決，電視台像其他新聞媒體一樣，可以報導處決死囚，但不能攝影，理由有三：一、其他獄囚看了電視畫面情緒受到刺激，可能發生暴動；二、警衛身分可能曝露，而有受傷害的危險；三、攝影器材笨而且重，可能撞壞煤氣室牆壁。

言論自由非絕對權利

記者為了職業道德，拒絕向法院透露新聞來源，因而被判以「蔑視法庭」之罪而坐牢的例子，在美國已有多起。但是最高法院今年六月二十四日卻以五對四票裁決，新聞記者保證對新聞來源保密的承諾，在法律上有約束力，記者和新聞機構違反這種承諾，就要吃上官司。

本案源自明尼蘇達州兩家報紙在報導政治競選黑幕時，背信公布了提供消息者丹・柯亨的姓名，柯亨當天就被他服務的廣告公司開除，他告到地方法院，要求賠償二十萬元，法院判他勝訴。

報館以公布新聞來源與否，屬於新聞自由範圍，應受憲法修正案第一條保護為由，提起上訴，為二級法院接受，官司平反。但是最高法院卻拒絕接受此一說詞，在判決書中指出，憲法規定各州可以賦予個人或公司對背信行為提出告訴的權利，而並未給予新聞界特別的保護，使他們可以不必遵守信諾，所以新聞界不能用憲法修正案

第一條，對新聞自由的保障做為護身符。

從上面這些案子中，可以看出言論自由一些明示的和潛在的問題。凡稱得上是現代化的國家必是多元社會，任何權利都有其相對性。美國最高法院向來對言論自由維護最力，但最高法院向來也認為憲法修正案第一條並不保障為所欲為的言論自由，這在一九三一年最高法院尼爾控明尼蘇達州（Near V. Minisioda）的案子中就判決：「言論自由及出版自由，非……為一種絕對的權利，而國家得懲處其濫用……。」

經過兩百年的憲政運作，美國大體上已找到了言論自由的限度；意見在表達之前，政府不得先行檢查或事前限制；意見在發表之後，如有害於公共利益，得依法處罰。

各說各話的「言論」自由

在台灣，也有一些涉及言論自由的案件，受到公眾的注意、討論以及法院的衡酌。

立法委員王聰松今年二月二十六日，以一件沾有油漬的衣服，在立法院發言台上企圖點燃，經台北地檢處以公共危險罪提起公訴。王聰松和他的支持者認為這是一種意見表達方式，是「言論」，議員在議會內有「言論免責權」的保護，法律無權過問。

清華大學幾名學生在校園公開發行「A片專輯」，展示男女生殖器官和性愛照片，以及口交鏡頭，受到校方處分。接著有六位教授以「媒體、社會和文化」為題，為學生上課，討論的主題牽涉到「色情」，並有「相關」的錄影帶放映，學校企圖制止未果，部分老師和學生指學校箝制學術和言論自由。

去年五月五日和六日，一群學生在「全學聯」的名義下，未經許可強行進入中華電視台建築園區，利用高音擴音器材散播謾罵言詞，又用噴漆罐在華視建築物和汽車上噴寫侮辱詞句。華視檢附證據，委託律師，提出告訴，檢方起訴了四名學生，被告及其支持者都辯稱他們的行為是對政治現實不滿的表示，屬於言論自由範圍。法院最後判決，因證據不能證明是被告所為，裁定他們無罪。

在議堂講台上引火，公開放映A片，在他人建築物上噴寫侮辱字句，算不算言論自由？在社會上是有爭議的。

在一個民主而法治的國家，如美國，爭議經過公眾的討論而得不到結論，就由司法來處理，一經法院判決，大家都要服從，再無他言。在台灣不行，法院判了，有些人，尤其是當事人，力言是政治迫害，於是我們的言論自由問題，就一直是各說各話的「自由言論」。

這種現象並非不可理解。台灣過去是專權政治，司法頗受行政影響，得不到大家的信任。現在即使它力圖振作，仍不免舉步維艱。不過，我們是不是因為從前法治不彰，今後就不要法治了呢？我們能不能以從前某些司法裁判不公的案子為由，而否定現在所有的司法裁決呢？如果我們必須建立法治以維持社會公義和秩序，保障我們的正常生活，那麼從什麼時候開始呢？

過去台灣是戒嚴地區，有出版法，又發生過「雷震案」，言論並無充分自由。經過大家多年的奮鬥，現在這一切束縛都沒有了，連主張台灣獨立都屬言論範疇，沒有行動即不受罰，可見我們也建立了「事前不設限」的言論自由原則，這些都值得我們高興。但窮人乍富有一個危機，就是揮霍無度，弄不好最後有傷身勞神的可能。

一個國家若無言論自由，其他自由都談不上。但過分濫用言論自由，則將危及其他自由。這是每一個爭取和享受言論自由的人，都應該警惕的。

（一九九一年十月號《遠見雜誌》第〇六四期）

2 二〇〇五年後重聽嚴復的話

「中國之積弱，由於內治者十之七，由於外患者僅十之三耳。而天下洶洶，若專以外患為急者，此所謂目論者也。」

陳水扁總統「二〇〇六年催生台灣新憲法」的宣示，美國以阿扁的「四不」回了他一耳光；扁政府自以為得意之作在護照上加註「台灣」，若干國家不予簽證；與印尼交往被指過河拆橋，成了人家的拒絕往來戶；申請加入聯合國第十一次受挫，加入世衛組織也毫無進展；單向通航大陸，對方相應不理。凡此種種，都可說成是來自國外的打壓，是台灣的「悲情」。政治人物以國家、國民的不幸，拿來做為競選的材料，一方面爭取同情，一方面做為施政失敗的藉口。

但是，外交是內政的延長，如果這十幾年來，台灣不是內耗空轉，經濟繼續成長，國力繼續增強，而適應世局又能拿穩分寸，則對外關係何能受到如許的打擊？再說，核四停建風波是國外打壓的麼？教改民怨沸騰是國外打壓的麼？國安局密帳和新瑞都案是國外打壓的麼？高雄市議會大賄選案又是國外打壓的麼？內政部長找明眼女子按摩也是國外打壓的麼？

早在百年之前，有新思想的學者嚴復就看得清清楚楚：國家的弊亂，「由於內治者十之七，由於外患者僅十之三耳。」

戊戌年（一八九八年）光緒皇帝下詔「明定國是」，並著保薦人才以推行新政。九月十四日召見候補道嚴復，提及他為天津《國聞報》言論被參劾事，問他在報上登的那些文章，哪幾篇最為得意？嚴復答曰：「無甚得意者，獨本年正月間有擬上皇帝書一篇，其文頗長，當時分作六、七日登報，不知曾蒙御覽否？」光緒說：「他們沒有呈上來，汝可錄一通進來，朕急欲觀之。」那就是後世所傳嚴復的《上今上皇帝萬言書》，是當時倡議維新自強的重要論著之一。

清代末季，帝國飽受列強凌虐，一般人都以為國之大患為外侮，但嚴復在萬言書中開宗明義就指出：「蓋今日各國之勢，與古之戰國異，古之戰國務并兼，而今之各國謹平權，此所以宋、衛、中山不存於七雄之世，而荷蘭、丹麥、瑞士尚瓦全於英、法、德、俄之間。」那麼列強為什麼要侵略中國呢？嚴復說，各國只想與中國通商，並無領土野心，但中國自己站不起來，而中國廣土眾民，「無論何國，得之皆可以鞭笞天下，而平權相制之局壞矣！慮此之故，其勢不能不爭，其爭不能不力。」

所以嚴復結論說：「中國之積弱，由於內治者十之七，由於外患者僅十之三耳。而天下洶洶，若專以外患為急者，此所謂目論者也。」既然國家的問題在內政，嚴復提了三點改革建議，一曰「聯各國之驩」，二曰「結百姓之心」，三曰「破把持之局」。但是，光緒召見嚴復之後的一個星期，也就是九月二十一日，慈禧發動政變，囚皇帝，殺六君子，所有對新政的建言，自然都成了歷史灰燼。

但過了一〇五年之後，嚴復「國家之衰咎在內治而非外患」的論點，衡諸台灣實情，誠然歷久彌新。不知今之為政者，能在競選的「軍書傍午」之際，撥冗聽聽這些話否？

我想是聽不進去的，因為當年那些政客就聽不進去。嚴復在英國海軍學校讀書，與日本的伊藤博文前後期同學，嚴氏的成績名列前茅，伊藤屬「後段班」學生。各自回國後，伊藤做了日本首相，推動維新，於甲午之戰打敗中國。嚴復不受重用，壯志難酬，只能致力於譯書。大陸連續劇《走向共和》在台灣正播到清廷派五大臣出國考察憲政，一行人到了日本，伊藤博文問參訪團團長載澤：「我的老同學嚴復近況如何？」載澤茫然不知所對，左右忙告訴他：「就是翻譯《天演論》的那個人。」

嗚呼！有人才不能用，有歷史不能鑑，物競天擇，不亦宜乎？

（二〇〇三年十月二日《聯合報》）

3 沒有道德的自由社會從未存在過

當今的台灣，「衛道之士」似乎愈來愈少了。

住在美國的華裔女子鍾愛寶，十個小時內和兩百五十一名男人做愛，舉世喧騰。電影公司把十小時的行房紀錄剪輯成兩小時的影片《性女傳奇》，目前正在台灣上映。某些媒體在談論這部影片時，語帶輕蔑和挑釁地說：恐怕又要惹起「衛道之士」的批評與抗議了。

「衛道」自然是「保衛道德」的意思。不知何時起它變成了嘲笑人的貶詞。這就叫人困惑：難道「道德」不值得「保衛」嗎？

道德是哲學研究的重要項目。有人主張先天論，如孟子說：「仁義禮智，非由外鑠我者也，我固有之也。」有人主張後天論，如荀子說：「木受繩則直，金就礪則利，君子博學而日參省乎己，則知明而行無過矣。」但不論是與生俱來還是學習所得，現代人總能略知基本的道德規範，譬如不能隨地便溺、不能偷竊、不能殺人等等。一言以蔽之：己所不欲，勿施於人。

鍾愛寶自承，她的「二五一」行動目的有二，一是享受性的歡愉，一是實踐女性主義。這兩點都屬於個人的主觀認定，他人無從置喙；但是，她大張旗鼓的和兩百多人做愛，又實況錄影轉播，公諸於千萬人之前，能對青年人的身心發展沒有不良影響？對世道人心沒有腐蝕與摧殘作用？做這種事，完全不需要善惡與是非的判別？

預測這部影片會引起台灣「衛道之士」不滿的人，都猜錯了。就我閱聽所及，好像並無人批評，更無人抗議。二十一世紀的「大時代」就要到了，學前進、趕時髦都來不及，誰願意做落伍的「衛道之士」？再說，今天的台灣，禮毀樂棄，誰有能力扶起那根已頹的道德梁柱？請看：

從廟堂到民間，從軍中到社會，從中產白領階級到引車賣漿之人，我們每天看到多少貪瀆、欺詐、鬥爭、情色、殘暴，以迄殺戮。這些事，自報紙上、電視裡俯拾皆是。其邪惡種類之多，犯罪手段之狠，常叫人不寒而慄，內心震痛。

有人把這些行徑歸咎於「人性」，覺得不必驚異，也無從責難。當然，人是有欲望的，很難完全避免金錢、物質和權力的役使。其實，中外賢哲在設定道德要求時，都考慮了人性正當的需求。寫《神學大全》的阿奎那就說過：「道德的淨化並非要徹底的去掉七情六欲，而是使七情六欲合於規範。」《春秋繁露》的作者董仲舒說：「天之生人也，使人生義與利。利以養其體，義以養其心。心不得義不能樂，體不得利不能安。義者，心之養也；利者，體之養也。體莫貴於心，故養莫重於義，義之養生人大於利。」瞧瞧這話說得多透澈，多合情合理，只課義利之辨這麼一點責任，標準能算高嗎？

既然不高，怎麼很多人做不到呢？胡適的老師杜威早就點明：「道德……要不斷發展……因為生活就是一種使舊道德不斷失去作用的運動型態。」原來道德要「不斷發展」，以接合「舊道德不斷失去作用」的斷層。可是，在台灣，政治階層禁不起「察其言，觀其行」的考驗，民間人士又怕戴上「衛道之士」的落伍帽子，道德如何能「不斷發展」？既然道德向下沉淪，社會又何能向上提升？

為了掩飾與平衡台灣的亂象，有些人愛標舉我們「民主自由」的成就。若論民主自由，美國大概應算是民主自由的國家。寫《美國的民主》這本名著的法國人托克維爾就曾斷言：「沒有道德的自由社會從未存在過！」

不錯，如不塗上道德防腐劑，以規避邪惡的侵蛀，任何自由社會，即使是美國，均非金剛不壞之身。

（二〇〇〇年十月二十二日《聯合報》）

4 自由而無秩序，終將喪失自由

台灣今天收穫了壞東西，是我們昨天撒下了壞種籽。

周人蔘案、宋七力案、伍澤元案、劉邦友案、彭婉如案、空軍士兵蔡照政濫射案……一案接一案，這就不能不叫人懸念：明天還會發生什麼事？在有了負責掃黑的治安人員和黑道聯手貪汙之後，在有了政治人物和知識份子依附怪力亂神之後，在有了夜晚出門的女子被砍了三十五刀之後，在有了處決式的集體屠殺官員和民代之後，在有了保國衛民的軍人持槍掃射無辜之後，明天無論發生什麼事，還會使我們感到意外嗎？

彭婉如可能為計程車司機所姦殺，民進黨多位領導人含淚發表談話，要求政府加強管理計程車業。我們當然同情彭婉如，但是當年某些計程車司機為民進黨上街打拚，揮鐵棒子，擲汽油彈，封鎖交通，毆打路人，包圍官府，弄得大眾驚惶不安，那時民進黨為什麼不要求「管理」？只有私是私非而無公是公非的社會，大眾行為規範自然無法建立。

立委質詢警政首長，彭婉如案如不能破，就應引咎下台。警政官員當然有破案的責任，可是目前每三個計程車司機中就有一人有犯罪前科，交通部早將「道路交通管理處罰條例」修正案送達立法院，希望有以矯正，但立院一拖七年，不查不審，現在反過頭來責備別人，還有沒有半點是非羞惡之心？某些立委凡打架也，罵人也，拍馬也，唱高調也，關說也，包工程也，什麼事都幹，就是不幹本行正事。這些人與警政官員相比，究竟誰更應該下台？

彭婉如證實遇害，政府首長發表聲明表示哀悼，並指示盡速破案。人民遭難，公僕慰唁，或屬應有之義；但是有同樣遭遇的人成千上萬，人民豈僅需要一個只管善後的政府？再說，高級官員就職時，要宣誓恪遵憲法、盡忠職守；但是大家按著法律本子辦事了嗎？體制紊亂是怎麼來的？奪權鬥爭是怎麼來的？台灣今天的亂象是冰凍三尺的結果，那麼公權力為什麼不維護？金權政治為什麼要縱容？黑道參選為什麼會提名？在上位者沒有為風行草偃起一點示範作用，那麼對這種政治風潮下受害人的「補償」，不是哀悼，而是自省。

當然，責任並不完全在於那些政治人物，雖然他們要負最大責任。回過頭來看看我們自己：老百姓中不是有家財萬貫死後卻不繳半分錢遺產稅的企業家嗎？不是有坑銀行、騙大眾的商人嗎？不是有選校長時照樣請客、送禮的大學教授嗎？不是有只問言論自由不管社會責任的媒體嗎？不是有專敲政府竹槓的「頭家」嗎？不是有動輒要「顛覆」什麼的「某某人類」嗎？等而下之，不遵守交通規則的，破壞環境生態的，獨犯公共危險的，以迄販賣毒品的、經營色情的，種種切切，不都是「兩千一百三十萬人」中的一份子嗎？

總而言之，我們很多人，只想到權位，沒想到責任；只想到一時的利益，沒想到來日的災禍；只想到自己的方便，沒想到他人的損害。今天的台灣，人人都想把自己的意志伸張到極限，只要我歡喜有什麼不可以，誠所謂「典章制度豈為吾輩而設」？有自由而無秩序，結果是人人都將喪失自由。

法學大家格老秀斯說：「上帝把生命賞賜給人，不是讓人去毀滅，而是要人去維護。為了讓人能維護生命，又給人分配了充分享受人身自由的權利，以及控制自己行為的能力。」在台灣，很多人都已「充分享受了人身自由的權利」，不過還看不出來有多少「控制自己行為的能力」。

康德是哲學家，哲學主要是研究人怎麼想和怎麼做的學問。他曾說：「自由就是意志不受別人約束的獨立狀態。只要自己按照普遍法則，同一切人的自由並行不悖，那麼就可以斷定，這種自由乃是屬於具有『人』的品格的個人與生俱來的權利。」我們可以檢視一下，自己的自由是否與「一切人的自由並行不悖」？還是相牴相剋？我們現在視為權利的那種自由，是否具有「『人』的品格」？

台灣社會今天有什麼樣的收穫，是我們昨天撒下什麼樣的種籽。有的人撒得多，有的人撒得少；那些沒撒的，如果嚴以責己，也許要為沒有阻止別人撒下壞種籽而負一些道義責任。每個明年都有收穫季，所以每個今年都要播種。

誰說「天公疼好人」？難道彭婉如不夠好？天公不一定會疼好人，但拿世界其他民主安定的國家比對，我們會發現：天公倒一定會疼「愛自由而重秩序」的好人。

（一九九六年十二月八日《聯合報》）

5 「言論自由」與「自我人格」

國格乃國民人格之集成，故國家需要有人格的國民——不管是中華民國還是台灣共和國。

台灣似乎是一個希望追求真相的社會，每天都有一大批人爭論一大批事，都要求對方說清楚、講明白。

只是，大家成天吵嚷拚搏，道理卻愈說愈不清楚。同時也很少人願意真的講理，既不真誠，又不服善，彼此沈溺於胡纏亂扯、相互撕咬的快樂中。就像一群泥鰍在爛汙塘裡亂竄，不自覺環境之混濁，也看不到前途出路。若有人在一旁稍微冷靜一點，注視和關切這樣的社會，心中會有多少無奈，多少失落，多少悲涼。

日本人小林善紀的漫畫書《台灣論》，在台灣受到抨擊和抵制，有人維護他，說他的書應該享有「言論自由」。批評《台灣論》的人，似乎都是做了危害「言論自由」的勾當。這頂帽子很堂皇，很大，但只怕戴不上。

民主國家的憲法，均保障言論自由。那麼言論自由的價值在哪兒？研究這個問題的學者大致有三點主張：其一是「追求真理說」——各種不一樣的言論都進入「言論市場」，大眾經過討論、分析、比較後，可以找到真理；其二是「健全民主程序說」——一個言論自由的社會可以提供較充分的資訊，使民眾在參與政治事務時，能有較正確的判斷與抉擇；其三是「表現自我說」——個人的存在並不是為他人完成某種目的之工具，個人自身就是目的，言論自由的基本價值就在保障個人發展自我、實現自我和充實自我。由於「追求真理說」和「健全民主程序說」都嫌有「功利主義」色彩，今之學者頗多傾向「表現自我說」。

如果言論自由的價值在表現自我，那麼所要表現者自應是優良的、完善的自我，而不是低劣的、卑下的自我。於是我要發表什麼樣的言論，就必須有所選擇與自制。譬如，我主張「男均應為盜，女均應為娼」，這樣的言論是否觸法固尚待探究，就是有這樣的言論自由，我也不應該表達這樣的言論，因為它褻瀆他人，辱傷自己。因此，言論自由的目的既在表現自我，那麼自我就應對所為之言論負起責任，不能全賴法律之約束。

在一個言論自由的環境裡，什麼話應說、能說，什麼話不應說、不能說，這樣的判斷，涉及知識能力和道德水平。知識能力或因人有異，但道德層面，清明在躬，騙不了自己，也瞞不了別人。

難道小林善紀真認為日本侵略中國是正當的行為，南京大屠殺並無其事？難道許文龍真相信慰安婦是自願的，可「出人頭地」？難道金美齡真以為自己有權要求台灣人民向小林道歉，否則陳水扁就要下台？難道以獻身女權運動自豪、又擔任總統府人權小組召集人的呂秀蓮，真的忘了慰安婦的女權、人權，而掉轉頭來為一位無視女權、人權的資本家辯解？阿扁要以自由包容這些人的言論，難道他對言論自由的認識真的只有這樣的深度？

明知不實之事，而假藉言論自由為之陳述，那是人格上的缺陷。明知會造成人格的缺陷，而為了個人商業的、政治的或名聲上的利益，卻執意為之，連國家的、同胞的尊嚴都可犧牲，那就不僅是人格的缺陷，更是人格的喪失。

或曰，我已經不承認那個國家、那個民族了，故不必再受束縛；這又是詭辯。人皆有追求幸福的權利，獨立建國絕非罪惡，更無涉於人品道德。但北美十三州獨立之前，魁北克尋求獨立之際，都沒有不承認英國和加拿大，也沒有惡言辱罵尚為其同胞的另一些人，更沒有一面做那個政府的官一面又否定那個政府。獨立建國是堂堂正正的事業，要堂堂正正的君子去努力，就是像華盛頓、傑佛遜和富蘭克林那類人。國者人之積，國格是國民人格的集成。不管是今天的中華民國或將來的台灣共和國，國民若缺人格，國家何有國格？

自由，自由，多少罪惡假汝之名以行之。在今天的台灣，多少人假言論自由之名混淆是非、顛倒黑白。廟堂之士示範於前，普羅大眾景從於後。於是台灣「言論市場」乃不講對錯，沒有規範，遂使言論自由的價值失去了憑藉，既無從「追求真理」，也不能「健全民主程序」，更不能合理而適當的「表現自我」。這樣的社會，這樣的國家，怎麼得了？

凡真誠關心台灣的人，想到這些事，恐怕都會徬徨難安。

（二〇〇一年三月九日《聯合報》）

6 豈有文章傾社稷？從來佞幸覆乾坤！

不能制衡政府，是台灣新聞自由最大的失敗處。其他的相關問題和媒體自身的缺點等等，都非致命傷。

前些日子，「無疆界記者」（Reporters Without Borders）公布全球國家新聞自由排名，台灣從去年（二〇〇三年）的第三十五名，降為今年（二〇〇四年）的第六十一名。很多低開發國家如牙買加、阿爾巴尼亞、馬利等國，都跑到台灣前面去了。

生活在台灣的人，對此很難理解：台灣媒體蓬勃發展，又取消了出版法，陳水扁總統一再聲言寧要一個有報紙而無政府的國家，游錫堃院長也強調絕不以維護國家安全為由限制言論自由，那麼我們新聞自由的排名為什麼會退步了呢？

「無疆界記者」公布的事實，顯示台灣政府說的是一套、做的是另一套。就以新聞界揭發「國安祕帳」一案來說，國安局認為它涉及「國家安全」及「軍事機密」，《壹週刊》撰稿記者謝忠良住宅遭搜索，又被限制出境；陳總統還揚言要告《中國時報》。再想想，呂秀蓮告《新新聞》和謝長廷告《聯合報》的案子都還在法院裡。政治人物如此打壓媒體，就是從前「腐敗的國民黨政府」也沒有做到這種程度。何況，現在是「民主」而「進步」了呢？

儘管如此，這些都還未傷及媒體的要害，台灣新聞自由真正的刺骨之痛，是它已失去制衡政府的功能。這是「無疆界記者」所未曾察覺和指明的。

新聞界第一天職是制衡政府，以保障民主政治的正常運作。失去這項功能，媒體存在的基礎和價值就要發生動搖。

從前的國民黨政府，由警總、文工會和新聞局捧著戒嚴這把尚方寶劍，使媒體匍匐其腳下。但是那個政府知道自己非由人民直接選出，正當性不足，對新聞界多少還有點色厲內荏，不敢做得太過火。有那些敢於挑戰其威權的媒體，提出的批評他們也得聽一些，也照著改一些——雖然嘴巴死硬，絕不承認是受到外界的壓力。

現在改朝換代，政府是人民直接選出來的。首次走上民主大道，也許路還不熟。領導人不免認為，人民的那些選票是對他們充分的信託和完全的授權，他們可為所欲為，包括不受議會的制衡和媒體的監督。議會在體制內，行政部門還不敢全然不理；對體制外的媒體，那就根本不放在眼裡——你批評你的，我做我的，你拿我怎麼樣？

除了蔑視媒體，今天的政客，玩弄媒體的手法更非當年之人可比：

一、收買：給你官位，給你廣告，給你貸款，給你「置入行銷」。

二、打壓：退你報紙，到法院告你——而法院「恰巧」又是他家開的。

三、分化：你是「愛台媒體」，他是「統派媒體」，凡非我族類者自應加以打壓、滅除。

此情此景，有骨氣、有品格的媒體已經不多了，剩下的那些，還有多少機會能講話？講話還有力量嗎？今天台灣政局這麼無秩序，社會這麼無倫理，人民又是這麼惶惶然不知所措，大家有沒有想一想究竟核心原因在哪裡？

「非常光碟」是不正常的台灣「非常」墮落的現象。居然還有人為它辯護說，這是在對抗「媒體霸權」。天地良心，台灣的媒體都快變成軟體動物了，還有「霸權」嗎？

有民意調查，指媒體是台灣的「三害」之一。不錯，新聞界的確有不少缺點，應該反省，應該改；但是它無力制衡政府的這項大失敗，才是新聞界真正的致命傷。

台灣若還是這樣鬧下去，闖下去，前途禍福難料。政客們經常指媒體是國家的亂源，這若不是無知，就是預為將來推卸責任鋪路，必須先為點破。

在大陸，吳晗、鄧拓、廖沫沙在《前線》上合寫〈三家村札記〉，為毛政權的頭頭們所不喜，文革時加以罪名，將吳、鄧迫害以死。廖後來有詩鳴不平曰：

豈有文章傾社稷？
從來佞幸覆乾坤！

文章不能傾社稷，佞幸可以覆乾坤，無時地之分，在大陸或在台灣，都一樣。

（二〇〇三年十二月十一日《聯合報》）

7 總統先生：國家，也是記者的

其實，「新聞自由」也是「國家安全」的一部分，二者並非對立。

「九一」記者節前夕，陳水扁總統告訴新聞界：「身為中華民國元首，有責任捍衛百分之百的新聞自由，但必須在國家安全的前提之下。」他的結論是：國家安全高於新聞自由。

其實，若新聞自由碰到國家安全就必須退讓，那就根本沒有「百分之百」的新聞自由，陳總統也就無從捍衛一個原本就沒有的東西。

人民授權組成政府的目的，在保衛全體國民能安全而自由的生活。安全為國民之所需，自由亦為國民之所需，二者想兼而得之，就需要均衡與調和。但有些人總認為國家安全是屬於全體人民的，新聞自由只是屬於記者那些人的，這是極大的誤解。政府容易濫權，古今中外皆然。主政者為了規避新聞界的監督與批評，往往藉口「國家安全」以箝制「新聞自由」。一國若無新聞自由，必然會造成獨裁的政府，這樣的政府缺少正當性和穩定性，也就無長期的國家安全可言。

因此，新聞自由和國家安全是一體的，不是對立的。再者，國家也是記者的國家，新聞界的利益也並非獨立於國家利益之外。外界對這兩者長期以來糾纏不清的爭議，有兩個癥結必須先澄清解決：第一、國家安全的定義是什麼？第二、國家安全若與新聞自由發生混淆，誰來判斷仲裁？

關心新聞自由的人，都熟知美國一個例子：一九七一年六月十三日，《紐約時報》開始連載「越戰報告書」，國防部認其洩漏機密，影響國家安全，要求法院阻止《紐約時報》刊出，但最高法院以六票對三票裁決，認為未構成對國家安全的危害，《紐約時報》可以刊載。

在中華民國，國家安全的法令固然粗疏，軍事機密的定義與範圍又由軍方說了算。記者報導動輒得咎，寒蟬效應早已形成。「國家安全」久已凌駕「新聞自由」之上了！

對於很多政治人物來說，「國家安全」和「新聞自由」都只是一種工具，其價值隨需要性而定。在野時，要發表政見，號召群眾，此時新聞自由重要；一旦執政，那就掌權、固權第一，自然是國家安全優先了。

不能諱言，新聞界有些地方做得不夠、做得不好，需要改進。但陳總統說：有少數記者，「不知是中華民國記者，還是中華人民共和國記者」，這就言重了。同樣的，「新政府」上台一年多，經濟搞得這麼糟，我們只能說，某些官員沒有經驗，甚至可說沒有能力，也可說意識型態作崇，但若說他們不愛國，與同胞大眾作對，那就是過甚其詞了。

（二〇〇一年九月一日《聯合報》）

8 獎賞比懲罰更能殺傷新聞自由

從三台「合唱」一條新聞想起的問題。

一九九四年七月二十九日中午，三家電視台的「午間新聞」，前五條的排列順序是這樣的：

台視：

一、李總統接見天主教增德兒童合唱團和台北市勞工楷模。

二、國大臨時會完成修憲。

三、連戰巡視高雄地區。

四、江丙坤談核能電廠與社會溝通。
五、兩岸會談將開始，黃昆輝等勘察會場。
中視：
一、李總統接見增德合唱團和勞工楷模。
二、國大完成修憲。
三、連戰巡視高雄地區。
四、黃昆輝等勘察會場。
五、核能電廠溝通。
華視：
一、李總統接見增德合唱團。
二、國大完成修憲。
三、黃昆輝等勘察會場、陸委會公開對海協會的授權書。
四、大陸學歷承認問題。
五、連戰巡視高雄地區。
大千世界每天發生很多新聞，媒體不及備載，必須做取捨上的選擇，何者要，何者不要。不僅取捨上要有選擇，處理上也要有鑑別，重要的新聞，報紙要放在前面版面上，登得大一點；廣播、電視要放在前面播出，時間要多一點。至於如何選擇和鑑別新聞，那不僅有學理上的依據，即使在常識上也不難判斷。北京「六四」天安門事件絕對比湖南鄉間兩族人械鬥應受更多的注意。而新聞從業人員做這些選擇處理時的態度，表現了他們對專業倫理的信守是否忠誠，以及他們對閱聽人的權益是否尊重與負責。

現在讓我們來看看上列三家電視台的前五條新聞：除了華視以大陸學歷問題取代核能電廠溝通，三台的選擇幾乎完全相同，排列順序也大體類似，可見他們對這五條新聞考慮的立場是一致的。

不過它有令人迷惑的地方：憲法修正把國家的體制改了，兩會談判關乎兩岸交流與和平相處，核能電廠是當前社會議題的焦點，行政院連院長首次訪問高雄地區，這些新聞都很重要，三台的「一致」判斷是可以理解的；但是，相對照於這些新聞，把總統接見兒童合唱團放在第一條，給它最重要新聞的地位，這樣「一致」的態度有什麼理由來支持？翻開每一本新聞學教科書，查核每一個民主國家新聞處理的前例，恐怕我們這種做法是頗有「原創性」的。如果美國國會民主、共和兩黨議員經過徹夜

「浴血奮戰」，凌晨通過了修改憲法，把政體由總統制改為內閣制，把總統由直接民選改為間接選舉，當天ABC、NBC和CBS三大電視網午間新聞的頭條，是報導柯林頓總統在白宮接見阿拉巴馬州一支少年棒球隊，試想美國觀眾會有何反應？

我們三台七月二十九日午間新聞的前五條，二至五條，大體來說，選擇和判斷是正確的；第一條，肯定的說，是不正確的。三台何以在二至五條新聞的鑑別上證明有專業素養和工作經驗，在第一條上就完全沒有？而且還「一致」的沒有？而且還很長久以來「一致」的沒有？這就是問題的關鍵。

人不是萬能的神。當權者是人，一定會做錯一些事。而權力使人腐化，一定會對做錯了的事加以掩飾，規避批評。而新聞界的主要職責之一就是代公眾監督政府施政，合理而嚴謹的「扒糞」是它必要的工作信條。所以，舉世各國政府，無不竭盡所能企圖影響和箝制新聞界。

影響和箝制的方法有二：獎賞和懲罰。

先說懲罰。可以凍結登記證，使你不能辦新報紙；可以限張，使你不能暢所欲言；可以修正出版法，不經法院審判就能關報館。但是有些「頑固份子」卻不在乎這些。辦《自由中國》半月刊的雷震，寧願坐牢也要講話；韓國《東亞日報》當年得罪了朴正熙，朴下令工商界不給它廣告，發動群眾不買它報紙，但「東亞」員工減薪，報紙減張，讀者捐款支持，也要硬撐下來；如今「東亞」巍然屹立，而朴氏安在？這正如老報人成舍我當年與汪精衛抗爭時所發的豪語：「我能當一輩子的記者，你能當一輩子的行政院長嗎？」

如果懲罰的方法不能完全有效，當權者還有獎賞的法寶，似乎比懲罰更管用。獎賞分兩個層面：

第一、對記者。記者的工作就在取得新聞，不管你學養如何，多少勤快，但「牛肉在哪裡」？一般讀者固然只注意記者工作的結果，即新聞事業機構內部管理階層也未必多麼留心體察記者的工作過程。政府中人就利用記者的這種心理壓力，以遂其控制記者的心願。聽話、合作，就給你新聞。完全聽話、充分合作，就給你大新聞，給你獨家的大新聞。記者的「人際關係」愈好，就愈能訪問到大人物，讓你在報面上或螢光幕上轟烈光彩。如若不然，那結果就相反了。記者既以新聞為工作標的，而且幾乎是唯一的標的，要受得住這樣的誘惑，需要很堅強的勇氣與定力。

《華盛頓郵報》揭發「水門案」，把一個民選的總統趕出白宮，這類紀錄是美國新聞自由史上的桂冠，也幾乎變成全世界新聞記者的圖騰。可是大家也許注意到，挖出

「水門案」的郵報記者伍華德和伯恩斯坦，是兩個新出道跑社會新聞的記者，而非白宮記者。美國新聞界跑白宮的「大牌」記者數以百計，謂無一人知道水門醜聞，其誰可信？

《紐約時報》駐北京特派員包德甫，寫了一本《苦海餘生》，大爆中國大陸人民生活之悽苦。當年大陸還是「鐵幕」，這本書提供了外界充分而真實的資訊。不過，《苦海餘生》是包德甫調離北京才寫的。如果他在任內出書，他不僅再也弄不到新聞，恐怕還要被驅逐出境。

第二、對新聞事業單位負責人。人富而好禮不容易，但富而好貴卻頗為常見。老闆級人物雖已有社會地位，但能為當權者的座上客，若能得到其他政治的、經濟上的額外利益，那就更教人不忍拒絕。美國固自由矣、平等矣，但新聞界大亨們從白宮宴會廳中走出來，似仍難掩其躊躇滿志之情。

尤有進者，若新聞機構負責人的任免之權操諸當權者，則趙孟能貴之，那麼新聞的處理還能客觀公正，還能不先意承旨好其所好而惡其所惡，那就更難了。上意不必指名道姓責難誰，只要殺了一隻不合己意的雞，所有猴子都會變成乖乖牌。

台灣解嚴之後，報禁開放以來，社會驟然民主化起來，新聞言論似乎百無禁忌，儼然超英趕美。可是大家如果仔細從精微處觀察，就不難發現，我們的新聞自由正在逐漸萎縮。從前新聞檢查來自官方機構，現在安全機關、新聞局、文工會對新聞界已無約束力，今之新聞界是根據本身的利益，做自我檢查，自我規律。要胡蘿蔔還是要棒子？識時務者是不難選擇的！

這種現象，新聞界內外的人大概都早已「蒿目時艱」，可是卻很少人去談。

新聞評議會新近在中廣公司開闢「新聞生活頻道」廣播節目，由現場聽眾打電話來參加討論。七月二十八日那天探討記者對災難和醫療新聞報導的問題。一位女士在電話中說，常見災難受傷的人在醫院急診室裡輾轉呻吟的時候，記者湊上來問道：「痛不痛？」諸如此類的話題，對新聞界都有切磋的益處。節目中一位苗栗廖先生打電話來，指陳電視台新聞報導偏頗不公，話才剛開頭，主持人立即就切斷了，理由是「與今天要談的主題無關」。節目中有些討論，跟當天的話題似乎也關係不大，都播出來了，只有那位廖先生的「無關」，就不准把話說完。

台灣傳播環境生態受到的衝擊太大了，新聞界某些精神淪落的現象愈來愈顯著了，多少攸關新聞自由生死榮枯的大事應該注意與正視，而關心新聞界的人，督促新聞界的人，以及新聞界自身，卻王顧左右，反而津津樂道於距宏旨相去甚遠的細節問題。明足以察秋毫之末而不見輿薪，這與記者追問在病床上呻吟的傷者「痛不痛」，其失當的程度恐怕是五十步與百步之差吧！

大家為什麼避重就輕，在這麼重要問題的前面卻迂迴走過？蓋有所不便或有所不願也！

民主保障了國家的進步；而新聞自由保障了民主。一個國家能否朝正常而合理的方向發展，要看當權者對新聞界懲罰和獎賞手段使用的程度，以及新聞界對那種壓力抵抗的意願與決心。雙方的消長，是國家治亂前景的分野。

當權者要「朕即國家」，要擁有最大的權力而受到最小的束縛，希望他們不要控制新聞界，那是不可能的。我們唯有寄望新聞界人士，以其專業倫理的信守，獻身真理的熱忱，以及服務公眾的道德勇氣，來衝決網羅，回復新聞自由的純潔與尊嚴。

台灣要走什麼樣的路？新聞界如果立意妄自菲薄，也許可以承認這不是我們能決定的；可是新聞界的路要怎麼走，應該是我們可以努力的。

對某些理所當為、義所當為的事，我們今天做或不做，若干年後大學教室裡，新聞系學生會捧著一本新聞史：從前，在台灣，有一批新聞從業人員，他們……。

（一九九四年八月一日《聯合報》）

9 記者該不該有人管？

做為一個「民主國家」，我們不希望約束言論自由以傷害「民主」，但也不願放縱言論自由以傷害「國家」。

三十年前我是報館的外勤記者，跑政治新聞。當時行政院新聞局國內處處長許華國先生告訴我一個故事。警備總司令部召集各單位討論治安問題，他代表新聞局參加，由一位副總司令主持會議。談到新聞界的某些表現時，主席對著許華國說，你們新聞局應該多管管那些記者。

許回答，新聞局不管記者。副座愕然，那誰管？許說，好像沒人能管。

副座感慨地說，我們當軍人的，知道誰管我，我管誰，一切事情就好辦了。世界上居然還有沒人管的人。

那時是威權年代、戒嚴時期，這個故事當笑話來講。三十年過去了，黨禁、報禁早已成為歷史，也已完成政黨輪替，許華國物故已久，我也退休多年，不知為何，這兩年老是想這個問題：記者究竟應不應該有人管？

我們的社會行業分類，有「自由職業」這一項，似乎包括醫師、律師、記者這些人。其實，醫師不是自由職業，我晚上得急病去找他，他若不給我醫治是犯法的。律師也不是自由職業，他接了我的委任就不能再接受我對造的委任。數來數去，好像只有記者這個職業是自由的，哪個新聞現場我沒有去，哪條新聞我不願寫，哪個新聞人物我就是要找他碴，哪件事小的我一定寫成大的、對的一定寫成錯的、黑的一定寫成白的。這些行為，除了職業規範、個人操守之外，法律管不著。這樣一來，記者只要不把規範和操守放在眼裡，愛幹啥就幹啥，「自由」極了。

記者的「無拘無束」，還受兩項理論的「支持」，一是「言論自由」——記者說流感疫苗無效，衛生署長認為他們的「宣傳」因而害死了很多人，向法院告他們，他們說這是「可受公評之事」，屬於言論自由範圍。另一是「社會責任」——「社會責任論」

本來是約束新聞界不可為惡以戕害社會，現在許多記者卻拿來做「無所不為」的擋箭牌了。

記者還是有人管的，那就是法律。大家都說「法律之前、人人平等」，但對新聞界來說就不太適用。一個成熟的民主國家，法院審判新聞界的言行，都十分謹慎，深怕傷害了言論自由，使民主制度受損。譬如美國，有關新聞自由的官司，通常都由最高法院裁決，每多曠日持久。而一個民主尚不成熟的國家，政治通常可影響司法，行政部門貪污腐化之事所在多有，希望媒體少揭發，希望討好記者之不暇，還會以法律訴究他們嗎？

在台灣，還有一種情形為他處所無，即媒體可在藍綠對立中漁人得利。你可捧一邊罵一邊，不管合不合是非標準。倘你批評我、告我、辦我，我就說你「政治迫害」。此言一出自然有群眾起鬨，就鬧成所謂的「事件」，或曰「影響和睦」，或曰「破壞團結」，一祭出這樣的大帽子，誰還敢碰新聞界？記者沒人管，那只有靠新聞界自律了。

自從美國於一九七〇年代設立「新聞評議會」以來，各國都仿效，包括中華民國在內，新聞評議會就是「新聞界的法院」，但是有多少人能數出美國新評會判決幾件大案子？而我們新評會的種種，恐怕更沒人知道了。做為一個「民主國家」，我們不希望約束言論自由以傷害「民主」，但也不願放縱言論自由以傷害「國家」。當法律的外在防線不穩固，而新聞界內在的道德防線又瀕臨瓦解時，記者應不應該有人管？這不僅是一個兩難的命題，而想到國脈民命，又叫人不寒而慄。

（二〇一一年三月號《遠見雜誌》第二九七期）

10 媒體不要自做奴僕

從前是別人從新聞界手中拿走了言論自由，所以向對方爭；現在是新聞界拱手送出了言論自由，就只能向自己爭。這是台灣新聞界今天的根本問題，也可能是新聞界爭取言論自由的最後一仗！

如果「天下沒有白吃的午餐」是經濟事務上的通則，那麼「天下沒有不箝制言論自由的政權」，應該是政治事務上的規律。

蓋權力使人腐化，愈腐化的權力就愈想掌權，那些見不得人的事就愈不敢讓人發現，於是有權的人乃千方百計摀住新聞界的嘴，不讓它說話；或捏著新聞界的嘴，讓它說言不由衷的宣傳台詞。

研究民主政治和言論自由的人，最常引用兩個人的名言——孟子說：「民為貴，社稷次之，君為輕。」湯瑪士．傑佛遜說：「如果必須在有政府而無報紙，或有報紙而無政府兩者中選一個，我將毫不遲疑地選擇後者。」孟子是學者、是教授，自不難「立異鳴高」，若他當了執政者會怎樣？恐怕難說。否則中國何以在歷朝歷代的帝王中，竟找不到一個孟子？傑佛遜的話雖然使新聞界臉上飛金，但他當了總統與報界相處並不融洽，他還為自己發起一項「退報運動」，拒看某些嚴苛批評他的報紙。

「比國民黨還要嚴重」

「天下沒有不箝制言論自由的政權」這種現象，目前自是亦然存在。大家看到這句話時，立即會想到國民黨，這當然不錯，不過民進黨現在也「升級」到可以箝制言論自由了。

在台北市議會，國民黨和新黨議員醞釀全數刪除「台北電台」的預算。國民黨籍的李慶安指出：陳水扁上台後，台北電台已徹底「綠化」，成為宣傳工具，未經議會認可的「政策」，都在台北電台大肆推銷。新聞處不斷指示台北電台播出的內容以及上節目的人選，十足是媒體的黑手。新黨籍的費鴻泰說：民進黨口口聲聲爭取言論自由，爭取頻道的開放，但是自已擁有媒體後，一樣操縱、干涉新聞言論自由，「比國民黨還要嚴重」！

這事可能有政黨鬥爭成分，但民進黨人對言論自由的態度使人疑慮，也不自今日始，只舉一例：民國八十一年四月二十一日省營《新生報》刊登一則未經查證的消息，損及民進黨形象，二十二日及時更正，但是當日下午民進黨籍省議員把《新生報》社長、總編輯和記者召到省議會議場痛罵，以報紙敲打、潑茶水，最後又以記者「坐姿不佳」為由把他驅逐出場。這還不是孤例，像民進黨的中常會就曾拒絕記者採訪。

就在兩黨議員磨刀霍霍要砍台北電台預算時，電台台長靳榕生因「性騷擾」案被停職。早在「案」發之前，靳榕生曾向一位市議員訴苦，謂他接到指示，要台北電台做一些節目，與「地下電台」和「第四台」同步播出，他覺得這樣不妥當，遲遲未做，可能要被「整」。這當然是一面之詞，而有無騷擾之事也要靠調查做依據。不過有一點叫人好奇的是：如果靳榕生充分「合作」，他即使真有騷擾的行為，還會被舉發、停職嗎？

對國民黨議員發動刪除台北電台預算，陳水扁市長很光火，他警告國民黨別逼他，否則他可下令要國民黨中央黨部新建大樓停工。台北市民以六十多萬票把「阿扁」送進市府，對他期望很高，幾個月來他表現得也很令人滿意。但這句話卻說得十分有失立場，使人對他的施政減少幾分信心。國民黨中央黨部的工程如不合法，根本就不能讓它建；如果手續完備，怎麼能把他人合法的權益拿來做政黨的鬥爭工具？這與民進黨和「阿扁」過去一向主張的「依法行政」和「行政中立」相去太遠了！

「阿扁市長」又說，國民黨一向強力干預三家電視台的節目內容，那些國民黨的民代為何不追究？「阿扁」的這一「質詢」，真是大哉問，說出了民眾的心聲。不過問題是：即使國民黨籍的民代沒有制衡他們自己的黨，也不妨礙他們來制衡民進黨。「阿扁市長」只要自問：你是否也像國民黨一樣，把公器做為私產？

民進黨目前在少數縣市執政，將來若掌握中央政府，我不覺得我們的言論自由會有更多的保障，更大的進步。也許有人問，讓新黨執政會不會好一些呢？這個問題不必回答，只要看一項事實：去年底選舉，新黨對三台封鎖他們的新聞，反應強烈，並有集結抗爭的動作。他們所處的政治環境，當然叫人同情，但是新黨諸君子當年在國民黨中時，三台封鎖民進黨的程度尤為滴水不漏，卻未見他們挺身出來，為言論自由說過半句話。

從上述國民黨、民進黨和新黨人士的行為，可以看出：今天在中華民國，談論言論自由的人多，實踐言論自由的人少；原因是大家並不真心信仰它，只是把它做為牟取私利、打擊敵人和裝扮自己的工具，一旦目的達到，它就秋扇見捐一文不值了。所以，社會要求國民黨「黨政軍退出三台」，這當然應該，而且早就應該；問題是他們退出之後誰來？會不會由某一個團體的壟斷換到另一個團體的壟斷？由甲乙的操縱換到丙丁的操縱？

兩個王朝打仗，勝方接收了敗方的奴僕，但奴僕到了哪一邊都是奴僕。血染征袍的百戰將軍，會把戰利品的奴僕輕易放掉？不為自己的利益而純粹為奴僕的自由而打仗的，歷史上好像還沒有過這樣偉大的事蹟——連美國的南北戰爭都不完全是。

自由是爭來的

所以言論自由的根本問題是：媒體不要自做奴僕。權力使人腐化，古往今來好像還找不到反證，只是腐化的程度不同而已！掌權者為掩飾其腐化，就一定要箝制言論自由，所以我們不能指望有權力的政府、有權力的政黨、有權力的各種各類團體以及有權力的個人，會放棄他們對言論自由的操控與侵蝕，所以媒體要主動爭取。縱觀各國的新聞史，言論自由都是爭來的。

解嚴之後，黨禁、報禁開放之後，台灣言論自由的空間好像無限寬廣，新聞界大鳴大放似亦百無禁忌。但若從精微處觀察考究，情況又不盡然。看看某些報紙對某黨某人輸誠表態地一面倒，聽聽三台每天新聞的第一條，彷彿使人進入時光隧道，回到十多年前的「威權時代」。但今昔不同的是：

從前多半是被迫，現在多半是甘願；

從前是人身安全的考慮，現在是官位安全或政治利益安全的考慮；

從前是別人從新聞界手中拿走了言論自由，現在是新聞界拱手送出了言論自由，別人拿走了，向對方爭；自己送走了，就只能向自己爭了。

一點也不錯，去自己的心中之賊、不自做奴僕，是新聞界爭取言論自由的最後一仗！

要打這一仗，先要有「危機意識」，次要有「敵情觀念」，還要完成「精神動員」；以今天的新聞界，做得到嗎？

（一九九五年四月號《遠見雜誌》第一〇六期）

11 新聞「製造工業」仍未夕陽

今天的台灣，處處是貪象。新聞界順濁流而下，能保自身清淨已經算有為有守了，願意做漂白劑的能有幾人？

一位將競選中華民國首屆直接民選總統的人士，將在「天下文化出版公司」出版其自傳。「天下文化」負責人高希均教授為求「平衡處理」，寫信給總統府幕僚長表示，若李登輝總統也有傳記要發表，他們很樂意印行。沒幾天，一家報紙「題文並茂」的報導說，高希均求見李總統，希望能替他寫傳。高教授去函報紙更正，第二天就登出來了，但照他的說法是：「從頭找到尾，小得幾乎找不到。」

這使我想起一則故事：美國某城一家報紙的記者，寫了一篇文章，把當地一位政治人物批評得體無完膚。文章刊出後才發現，他把事實完全搞錯了。隔天在一家餐廳的洗手間裡，他碰到那位「受害人」。

「老兄！實在對不起，我弄錯了，要向你鄭重道歉！」

「我接受你的道歉。不過閣下以後能不能在洗手間裡罵我，而在報紙上道歉？」

前一個案例，從「願意印行李總統的傳記」到「請求替李總統寫傳」，多出的部分是記者製造出來的。第二個案例，全部「事實」都是記者的製造品。而兩案有一個共同點：報紙不情願更正。

新聞界有人製造新聞，非自今日始，也許已不算「新聞」了！稍微年長一些的讀者，應該記得瑠公圳分屍案中柳哲生將軍的無辜，「中國小姐」汪麗玲被謠傳自殺的無奈，「女人島」的荒誕不經，以及台中地檢署首席檢察官呂玉介無端受冤最後抑鬱以終的悲情。解嚴之後，言路大開，新聞自由的空間大了，媒體在揮灑之間更渾然忘卻專業規範；「為總統寫傳」這樣的「產品」，實在是小焉者也。

新聞「製造工業」並非「台灣經驗」所獨有，英美國家亦不少見。一九八四年美國總統大選，民意測驗一面倒向共和黨的杜威，認為民主黨的杜魯門必敗。投票結束，十月四日芝加哥《每日論壇報》的第一次版，以橫貫首頁的大標題搶先報導：「杜威打敗杜魯門」，事實上是杜魯門打敗了杜威。那天的《論壇報》把自己送上「歷史文獻」的地位——後人凡討論美國政治、傳播或民意測驗等問題時，很容易想到它的「典型在夙昔」，拿來當「反面教材」。

《華盛頓郵報》是美國最有地位的報紙之一。一九八〇年九月二十八日在第一版報導一個八歲小孩吉米吸毒成癮的故事，由女記者庫克執筆，既生動且駭人，次年得普立茲獎特寫寫作獎。但不旋踵被揭發為捏造的故事，於是《郵報》以社論道歉，普立茲獎退回，記者辭職。

近年從甘迺迪宅邸強暴案和辛普森殺妻案的報導風格來看，美國新聞界仍舊「秉性未改」。就拿宗毓華誘使金瑞契老太太詬罵第一夫人希拉蕊為「賤貨」一事來說，即使這不算純粹地「製造」，至少也應該是「加工出口」，無論如何是於專業操守和工作紀律有虧的。

為什麼製造新聞這一行一直未能成為「夕陽工業」呢？有人說報紙有截稿壓力，求證難以周全。不過像「為總統寫傳」這樣的事，絕對算不上有時間性的新聞，而且出版社和當事人都有電話，只花一、兩分鐘就可弄清楚真相。還有人說媒體競爭激烈，報紙需要獨家新聞。可是哪一行業競爭不激烈呢？一個造不出好電腦的工廠，能造一台贗品賣給顧客嗎？

其實，製造新聞另有原因。依我看，犖犖大者有兩端：

第一、出自「權力使人腐化」的古老規律。傳播界也享有很大的權力，自亦容易濫權，它不僅會「不經意」地損害到一般人，連像呂玉介這樣的地檢署首席檢察官，也照樣無中生有抹黑你、糟蹋你，你能怎麼樣？敢對抗媒體？

第二、記者急功近利求表現。像《華盛頓郵報》的庫克，既為婦女，且是黑人，受工作平等的雙重保障，年紀輕輕的已躋身像《郵報》這樣的媒體，假以時日，何愁不功成名就？但是她等不及，要寫最受人注意的新聞，以最快速的方法出人頭地。

這兩點，都涉及人性的貪念，是普遍現象，非僅新聞界為然！今天台灣的黑金政治、土地壟斷、股市狂潮、「以個人興亡為己任，置國家死生於度外」的拚鬥，無一不是貪慾的體現。新聞界順濁流而下，保自身清淨已經算有為有守了，願意做漂白劑的能有幾人？

（一九九五年七月二十三日《聯合報》）

12 震耳欲聾的台灣

大家嘴巴用得太多，頭腦用得太少，國家前途就會愈來愈黯淡。

吾人何其有幸生在台灣！報紙上、電視裡、廣播中，每天都有新鮮事，叫人目不暇給，精神亢奮，想打瞌睡都不忍闔眼。吾人又何其不幸生在台灣！廟堂上、議會裡、社群間，每天都為那些「新鮮事」爭論不休，議題雜，分貝高，叫人肝火上升，意煩氣躁，很難定下心來做事。

遠的不說，就從「五二〇」之後說起好了。先是「八掌溪事件」，後是唐飛丟官，跟著是核四存廢、股價大跌、總預算付審、跨黨派小組、政黨修好、「象神」肆虐，直到總統府「緋聞事件」，哪一件不是吵翻了天？哪一件又真正得到了結論？看來唯一有「成果」的是唐飛辭職，石頭終於搬開。但唐飛走了，難題不僅沒有走，張俊雄連立法院都進不去了。

張俊雄進不了立法院，是憲政上的一個大難題。在野黨，包括若干執政黨人士，如民進黨前主席施明德，認為阿扁以四〇%選票的少數總統，不可能通吃政治權力，應讓在野黨組閣，以貫徹憲法「雙首長制」精神。但憲法所規範者，是否為「雙首長制」？政治人物可「各自表述」，沒有人願意放棄拿到手的權力。由此可見，這部憲法之不堪，以及當年主持修憲者之用心。

一位民進黨籍國代辯稱，修憲時他們曾提出「配套措施」，惜乎社會沒有共識，否則不會有今天的僵局。想當年「國發會」決定修憲方向，國人幾乎皆曰不可，一千多位教授連署反對，但阻止不了政治人物魯莽滅裂的野心，而造成國家今天的禍害，現在反把責任栽贓給人民，良心何在？

台灣的難題，對內，是憲政體制無所依循，是自作孽，怪不得別人；對外，是兩岸關係的緊張，也多半是「咎由自取」。

讓大家打開天窗說亮話，今天生活在台灣的人，恐怕沒有人急著要和大陸統一，只希望兩岸能和平相處，讓時間去解決問題。就是那些有獨立念頭的人，也應該是稍安勿躁，努力於台灣的建設，徐圖有利的「建國」時機。至於大陸，他們也放著很多事情要做，不急著要解決「台灣問題」，只要台灣承認「一中原則」，讓局勢穩定就行了。

但新、舊政府似乎都看不清這一點，都在兩岸問題上擺明一種挑戰的態度，弄得劍拔弩張。眼下台灣人心不安、社會浮動、資金外流、股市大跌，以及很多內部難題，多半肇因於此。「跨黨派小組」領導人李遠哲，最近力促執政黨凝聚一中共識，認為兩岸談判時間並不站在台灣這一邊。李遠哲誠然有聲望、有影響力，但能保證一定有人聽他的話嗎？

很多事，尤其是憲政與兩岸，都還會繼續吵下去，也會愈吵愈烈。大家用嘴巴多，用頭腦少，吵歸吵，問題還是不能解決。而且將來多半會回到歷史規律，「議論未定，兵已渡河。」哀哉！

（二〇〇〇年十二月號《遠見雜誌》第一七四期）

13 記者要不要有「史德」？

如果「今天的新聞是明天的歷史」，那麼，記者要不要有「史德」？譬如，刊播宋美齡和威爾基有「一夜風流」之事，應不應該拿出證據來？

今年一月初，留意時事的讀者可能注意到了一則報導，是這樣說的：在紐約曼哈頓八十街公寓深居簡出的宋美齡，是個被遺忘的人，美國媒體已好幾年未提到她。不久前一位過氣老作家、畫家兼雜誌發行人芙洛兒．考爾斯（Fleur Cowles）女士出版了一部《交友錄》（*She Made Frends and Kept Them*），談到了她的「老朋友」宋美齡。

芙洛兒．考爾斯在五、六〇年代有點名氣，結婚多次，其中最有名的一個丈夫，就是《展望》（*Look*）雜誌的發行人邁可．考爾斯（Mike Cowles）。邁可在一九八五年出版了一部未公開發行的回憶錄：《邁可回望》（*Mike Looks Back*），裡面提及他於一九四二年陪同一九四〇年共和黨總統候選人威爾基（Wendell Willkie）訪問中國，宋美齡曾和威爾基祕密「幽會」的一段故事。

芙洛兒在《交友錄》中證實邁可所說的威爾基和宋美齡確曾有「一夜風流」之舉，並稱他們幽會的地點就在宋美齡所辦的重慶婦幼醫院的頂樓公寓。

讀者有興趣，記者有證據

讀這樣的報導，在情節上語焉不詳，在情理上也殊難使人相信。

第一、男女發生「親密」的關係，需有較長時間的交往，從而使感情增溫。宋美齡年輕時雖曾在美國讀書，後來也訪問過美國，但好像沒聽說過她和威爾基有多麼熟。如何能在威氏訪華的短短時間內，即「情不自禁」到如此程度？

第二、宋美齡是中國「第一夫人」，在那時的政治體制和環境下，身旁該有多少侍從？而威爾基是重要友邦的特級貴賓，又會有多少安全人員隨扈？以兩人這等身分，怎麼能擺脫眾人耳目，做出「一夜風流」的事？

新聞學上有一句話：「大人物製造大新聞。」蔣家成員的「緋聞」，自然是讀者有興趣的。如果真有其事，當然也是可以報導的。譬如蔣經國和章亞若的悲歡離合，已經眾所周知。最近媒體說蔣緯國在大陸有個私生子，有名有姓，官方承認其「台屬」身分，其本人亦和台灣聯絡過。現在雖不能證實為真，但在報導上至少是根據「合理的推斷」。

可是，寫作與刊播宋美齡與威爾基「幽會」一事，有沒有任何可信的資料？如果沒有，那麼指控一位仍在世的婦女不貞，似乎不是一件小事。

也許有人說：宋美齡是公眾人物，她的隱私權和一般人不一樣。這話誠然，在民主社會早為大家所接受。不過，新聞界也許可刺探公眾人物的穩私、報導他們的隱私，但必須拿出證據來，證明他們真做了那些事。

也許有人說：宋美齡當年浪費、弄權，壞了國家的事，是一個應受批評的人。這些如果是真的，當然都可以根據她揮霍、霸道、誤國等事實，加以評論，甚至指責。但她有沒有不貞，是另一回事，不能因為她別的事應受批評，而給她加上一項莫須有的罪名。

新聞專業，不傷無辜

歷史走到今天，人人都可罵蔣家，若有人敢出來講句不同的話，就會被批評為「封建餘孽」，中毒太深，到現在仍不知悔改。實則「西瓜偎大邊」乃人之常情，蔣家現在風流雲散，罵他們安全無比，說公道話才是不識時務者。

不過我們新聞界一向標榜報導「事實」，講究「事事有根據，語語有來歷」，不可傷害無辜的人，譬如沒有證據而說一位婦人亂行。這不僅對宋美齡不可以，就是對賣菜的張大嬸和打工的李小妹都不可以。這是原則，是專業規範。

中國是一個史學相當發達的國家。遠在一千兩百年前，劉知幾就在《史通》中提出良史的三項標準：史才、史學、史識。可是章學誠認為這還不夠，又加上「史德」。他在《文史通義》中說：「……能具史識者必知史德。德者何？謂著書者之心術也。」所謂「心術」，說得白一點，就是「動機」——在什麼情形下、懷著什麼樣的目的而寫歷史。

歷史記載不正確，如果出於寫史者的「心術」，大概有下列這些情形：

為名——聳動的話、反面的話比較受人注意。

為官——怎麼說與不怎麼說，有助於仕途升遷。

為利——有豐厚的經濟報酬。

為政治立場——褒貶之間，概由於政治理念之不同。

當然，也可能有為了情面、為了友誼等等原因。不管動機為何。都會使歷史不正確。換言之，也與「史德」的標準不符。

我輩新聞從業人員，每以「今天的新聞是明天的歷史」這句話，來強調吾人所從事工作的重要性。今天的新聞雖未必盡是明天的歷史，但將成為明天的「史料」則殆無疑義。是則進德修業、取法乎上，我們要不要也追求「史德」呢？

（一九九八年二月號《遠見雜誌》第一四〇期）

14 媒體利益和國家利益的位階

台灣記者何以鼓勵中共向新加坡抗議？

台灣新聞媒體自新加坡報導說，行政院長郝柏村訪星期間，隨行的記者一再試探中共駐星大使館有無「動作」，星國認為這可能逼使中共方面抗議，因而影響新加坡和中華民國未來「度假模式」的交往，特照會我方，希望台灣記者停止這種行為。

事實上，報導星國反應的台灣新聞界，也就是有心或無意「撩撥」中共大使館的那些記者。他們找上門問中共使館的人，對郝院長來訪有何態度？對方以「外交辭令」答覆：「我們不知道這件事。」顯然是不想評論，而我們的記者卻指點說：「今天下午就要到了呀！」彷彿在暗示、鼓勵：「你們總該有點抗議什麼的吧！」

我們的國家在國際間的處境相當孤立，從國際人格到對外貿易到探親旅行都受極大影響，是國人共同的痛苦。在我們盡力拓展生存空間的時候，一個無邦交的國家以無其名而有其實的國賓之禮接待我們的閣揆，並可能創造一個為他國所仿行的「模式」，這是對我們有利的；若是中共抗議施壓，斷送了這類交往的可能性，這是對我們不利的。其區別之明顯，如一加一等於二之易懂。若中共主動抗議，我們新聞界不報導，那是掩耳盜鈴，是失職，現在中共既不願表態（不管原因為何），而我們卻逼它、激它要有「動作」，這不是令人費解和匪夷所思嗎？

報禁開放以來，隨著威權政治解體，言論尺度大開，傳播媒體窮人乍富，有些人不免肆意揮霍滾滾而來的新聞自由。掩飾自己浪費的說詞是讀者有「知的權利」。知的權利固應維護，可是我們傳播界所提供的「資訊」中，有多少只是記者私慾、成見、不求甚解和愛看熱鬧心理所製造出來的「新聞」。如果不信可做一民意調查，看我們讀者中有多少人需要「知」中共本來無意而被台灣記者逼出來的抗議？

其實，這還只是小焉者，看看我們的某些報紙，每天以整版整版的臆測、挑撥、謾罵和分化來「服務」讀者，或假交流之名討好想「解放」台灣的人，這又是讀者想知道、應知道而符合他們利益的嗎？

這兩年來，新聞界廣受批評，有人稱之為「社會的亂源」，這可能是苛責；但是解嚴後的新聞界，由於過分的競爭，過分擴張自己的權力，因而傷害了國家共存共榮的生態，恐怕也是事實。凡權力皆需制衡，新聞界是「第四權」了，卻無人能制衡，於是要自律、自省、自我監督。從前文工會、新聞局和警總控制新聞界，當然應該打倒，但是新聞界要能向社會證明，沒有人牽著也能走得硬朗，這才配享受社會所賦予的言論自由。

英國的記者愛英國，美國的記者愛美國，中華民國的記者也應愛自己的國家，那不僅不可恥，而且天經地義。國家並不指政府，更不是執政黨，而是生活在這塊土地上的人民。沒有哪個記者或哪家報館的利益，應該置於全體人民的利益之上。

（一九九〇年十二月二十九日《聯合報》）

15 記者與愛國

因為朝野上下「愛國標準」不一致，所以新聞界愛國並不容易。

亞特蘭大「百年奧運」閉幕，美國電視界也創下一項新紀錄：受到各國有史以來最多的抱怨，指責他們太「愛國」，一面倒的報導美國選手的消息。

訂購NBC電視網畫面的國家就舉例說，NBC轉播時間表上明載要播一百公尺的徑賽，結果在多組預賽裡，他們只轉播有美國選手出賽的組別，其餘一律跳過。

NBC也有話說：他們是美國電視公司，要服務美國觀眾；任何買他們畫面的國家，事前都應清楚知道這一點。NBC的解釋應該是可以接受的。美國電視優先報導美國選手的活動，符合新聞學「接近性」的理論。君不見我國選手的成績雖然乏善可陳，但他們在台灣媒體上所占的地位，卻優於他國的得牌選手。陳靜在第五局輸給鄧亞萍，我方記者一片懊喪惋惜之聲。

記者要不要、能不能「愛國」？是舉世新聞從業人員一直在思考的事。哥倫比亞大學新聞學院一九八九年舉辦系列研討會，討論「新聞倫理」問題。主持人問ＡＢＣ主播彼得．詹寧斯和《六十分鐘》節目主持人邁可．華理士一個假設性的問題：「你是一名駐國外特派員，被指派去戰地採訪，這場戰爭當事國包括美國、美國的友邦及其敵國。你深入敵後，隨敵軍一支巡邏隊出發，恰好碰上一支美國巡邏隊，他們要狙擊美國人，這時你的電視攝影機可以拍攝獨家難得的鏡頭，也可警告美國軍人逃過此劫，你怎麼做？」

詹寧斯回答，做為一名記者，在出發之前就應該想到會遇上這樣的事，心裡早就有了盤算才對。主持人逼著問：照這樣說，你要拍下這場殺戮場面了？望著參加討論會的其他人士，包括百戰榮歸的老兵、軍中牧師、宗教界代表、國會議員以及一位最高法院大法官，詹寧斯遲疑半晌，終於囁嚅著說，他寧願放棄獨家鏡頭，而要警告美軍。不過他另有但書：這純粹是他個人的做法，別的記者也許有不同的反應。

不錯，他的同行華理士就跟他的想法不一樣。華理士認為，做一名記者的位階應高於做一名美國人。他不認為詹寧斯不能採訪這條新聞。為什麼一名記者只因為某件事情的發生與他所希望的不一致，他就不願採訪報導呢？

華理士只是說說，後來就引起一些爭議。CNN記者彼得·阿奈特竟然真的這樣做了，所以捅了更大的亂子。九一年波斯灣戰爭前夕，伊拉克驅逐所有西方記者出境，獨留下阿奈特。當美軍開始攻擊，全世界的人只能靠阿奈特的報導而得知戰況。阿奈特也認真信守客觀公正的職業倫理，美軍說摧毀了一座兵工廠，他報導那實際上是一座奶粉工廠，伊拉克的孩子因此沒有奶粉吃了；美軍說炸中了一所軍事掩體，他報導那是平民防空設施，並拿幾百名老百姓的屍體做見證。阿奈特的美國同胞異口同聲罵他「叛國」、「通敵」，戰後他幾乎回不了故鄉。在一個尚未充分民主化的國家，一名記者是否愛國，常受朝野上下「愛國標準」的混淆與困擾：

愛國是否就是愛政府？批評政府是否就是不愛國？

政府是否等同於領導人？批評政府是否就是批評領導人，因而也是不愛國？

如果督促政府和領導人革新進步，從而造福大眾被認為是不愛國，難道姑息縱容他們腐化墮落，因而貽害萬方反而是愛國嗎？

愛國還有「時程」的問題，新聞界究應堅守真知遠見，為同胞謀長遠的福祉；還是阿世媚俗，以國家未來安危利害換取自己短暫的「愛國」聲名？愛國，尤其是記者的愛國，談何容易！

（一九九六年八月十八日《聯合報》）

16 英雄一入獄，乾坤只兩頭

追懷幾位新聞界先輩的俠情與傲骨紀念記者節。

今天是民國九十四年「九一」記者節。

「媒體」、「記者」這些字眼，在時下的台灣已被深重汙染。政客把它做為鬥爭的工具，公眾把它看成取笑的材料；而新聞界自己眼裡、心裡多只有發行量和收視率，忘了他們標榜的「社會責任」。

新聞界最大的侵害源還是來自政治權力。執政者一方面謊稱要「保障百分之百的言論自由」，一方面控告記者、搜索報館、斬首七家電視台。媒體立起寒蟬效應，選擇報導，小心發言。

不是厚古薄今，讀一些前賢的史蹟，他們好像比較有理想、有骨氣。

清朝末季，西方思潮驚濤拍岸，堅船利炮掠地攻城。知識份子思索中國的出路，很多人選擇了辦報。他們知道，要新中國必先新中國之民。

辦報在鼓動風潮、造成時勢，恆與帝王、軍閥和黨派的利益相衝突。但那些報人勇敢面對，不假詞色，為了維護獨立的人格與報格，不惜以身相殉。

一九〇五年「蘇報案」起，寫《革命軍》的鄒容和主筆政的章太炎雙雙繫獄。章賦詩云：「英雄一入獄，天地亦悲秋。臨命須摻手，乾坤只兩頭。」鄒容病死獄中，但激勵了孫中山領導的「革命軍」。章太炎出獄後加入《民報》，揮如椽大筆為革命鼓吹。

民國建立，袁世凱卻要改變國體當皇帝。辦過《時務報》、《清議報》、《新民叢報》的「老記者」梁啟超，撰〈異哉所謂國體問題者〉，嚴詞誅伐。文章尚未發表，袁世凱派人送來二十萬大洋。撤稿有賞，發表有禍。梁退了款，刊了文章，且發一通電：「啟超一介書生，手無寸鐵，舍口誅筆伐外，何能為役？且明知樊籠之下，言出禍隨，徒以義之所在，不能有所憚而安於緘默。仰天下固多風骨之士，必安見不有聞吾言而興者也。」興者不少，袁世凱只坐了八十三天金鑾殿。

袁後軍閥割據，新聞界的處境更差。一九二六年四月二十二日，邵飄萍在《京報》批評張作霖，二十四日被捕，二十六日在天橋刑場槍決。《社會日報》的林白水忤奉系軍閥張宗昌，是年八月六日被捕，隨即也在天橋刑場遇害，距邵飄萍死期不過百日，當時人謂「萍水相逢百日間」。

國民黨領導的政府，居國家正統，但箝制言論自由如故。史量才所辦的《申報》為官方所不喜，據說蔣介石曾找他談話：「別惹火了我，我有一百萬軍隊。」史泠言回應：「我有一百萬讀者！」一九三四年十一月十三日，史遇刺身亡。

前有仆者後有繼者，知識份子仍勇敢獻身於報業，如成舍我、張季鸞等人。陳獨秀曾說：「我辦報十年，中國局面將全改觀。」能把《新青年》辦得那麼出色，陳獨秀的話應非誇張。可惜後來他去大學教書，又參加政黨，未能實踐理想。抗日勝利後，政局糜爛，《世紀評論》敢於刊登傅斯年的文章：〈這個樣子的宋子文非走開不可〉。宋子文就只好離開行政院長的位子。

在戒嚴時期的台灣，李萬居的《公論報》、吳三連的《自立晚報》和雷震的《自由中國》，都是維護和爭取言論自由的重鎮。李、吳是「本土」人士，受當局「禮遇」；

追隨政府共赴國難的雷震，則是雜誌關門人入獄。

同為「避秦來台」辦《聯合報》的王惕吾，有同樣的困擾。一九五八年政府修改《出版法》，授予行政部門直接關閉報館的權力。《聯合報》強烈批判，但立法院仍照本通過，官方且警告新聞界不得再有「異聲」。當時全體員工僅有一七一人的「聯合小報」面臨抉擇：秉持真理良心繼續堅持反對立場，還是通權達變以免員工失業？報館以問卷請員工決定去從。問卷發了一七一份，回收一五九份，九一%的員工要求立場不變，任何嚴重後果願與報館共同承擔。

因為台灣政局複雜，同業亦無相互鼓勵的雅量與習慣，這則故事迄未彰顯。但這一百多位不向強權低頭的勇士，必將載於中國新聞史冊。

在新聞史冊上，還找不出壓制言論自由的政權而能長存者。「英雄一入獄，乾坤只兩頭」、「你有百萬軍隊，我有百萬讀者」，章太炎、史量才這些人的墓木不知尚在否，但是他們對抗強權的俠情與傲骨，長在後人心裡。

（二〇〇五年九月一日《聯合報》）

17 座客善謳君莫訝，主人端要和聲多

官方告媒體，連戰皆捷，台灣言論界會從「最寒冷的冬天」進入「一言堂」世代嗎？

「民不與官鬥」這是中國老百姓數千年經驗積累之結論。蓋官府手握國家機器，權力巨大無比，民與官鬥，豈有勝算之理？

而在台灣，官家尤其了得，最近在法院裡與民相爭的官司，經過司法獨立而公正的審判，更是密集告捷，益發證明「民不與官鬥」政治正確性的無可懷疑。

《中國時報》報導新瑞都案，謂蘇惠珍開給謝長廷的四五〇萬元支票，是給當年陳

水扁競選連任台北市長的政治獻金。陳總統閱報大怒，立即聲明絕無其事，並委律師控告《中國時報》，次日報紙在頭版刊出澄清、道歉啟事，陳總統才寬大為懷，未予深究。

對於政治獻金，目前並無法律做具體規範。在高雄市長投票前夕，報紙說那筆錢是獻金，未落入謝長廷私人口袋，無異是為謝解套，避免影響其選情。謝的連任與否，又牽動阿扁二〇〇四年大選。因此，維護「長」，也就是護佑「扁」。但天威難測，報紙做了一件吃力未討好的事，徒然為阿扁創一項元首要告報紙的「世界紀錄」。

副總統呂秀蓮控告《新新聞周報》誹謗案，一審只判總編輯楊照一人有責，雙方不服，同提上訴，二審宣判，除了楊照，社長王健壯和三位記者，也要一同負責。最令人費解的是，一、二審法官同樣引用大法官第五〇九號解釋的法理，但卻有不同的判決。自由心證，此之謂歟？

前總統李登輝夫人曾文惠控告前立委馮滬祥和謝啟大誹謗，馮、謝反控她誣告，一審判雙方都無罪，二審的判決曾文惠仍無罪，馮、謝則分處四月和三月徒刑。此案雖非官家對媒體，但同屬言論自由範圍，對新聞界自亦有殺雞儆猴作用。

媒體沒有誹謗他人的自由，法律並未、也不應保障這樣的自由。但「言論自由」

是非常細緻和脆弱的東西。細緻，所以要溫柔平和的去體察；脆弱，所以要正心誠意的去保護。沒有言論自由還能稱民主國家者，未之有也。在野時我要言論，當政後你無自由，那是對民主的背叛。

解釋「言論自由」這個詞，一言以蔽之，就是人民以媒體為工具來監督政府的力量。政府以官員為代表，媒體若是遇到官員就望風披靡，這個國家的政治是清明不起來的。

媒體的報導不實而損害了人，叫誹謗。但發現事實不是易事，在一個威權政體的國家，在一個司法不獨立的國家，媒體還沒有把最後的事實呈現出來時，誹謗罪可能已經上身了。舉例來說，美國《華盛頓郵報》當年報導「水門事件」，一開始時尼克森也「震怒」，也「否認」，也說媒體「誹謗」他，但最後證明《華盛頓郵報》是正確的，說謊的是尼克森。倒不是報紙有什麼本領，而是美國司法獨立，在一個獨立司法體系裡，政治人物知道他與媒體站在平等地位，不能頤指氣使，作福作威。而法院也能盡責，協助發掘真相，並就真相而論真相。

國民黨執政時代，有「黨國大員」意氣風發的說：「法院也是國民黨開的」。現在「政黨輪替」了，「司法管轄權」不應該也跟著「輪替」吧！

陳水扁總統多次說過，他支持「百分之百的新聞自由」。若「官司」照這樣打下去，不知將來還能剩下百分之幾的新聞自由？阿扁還仿美國總統傑佛遜的話說，他寧願選擇報紙而不願選擇政府，但「官司」照這樣打下去，動輒數以千萬元計的道歉廣告費這樣花下去，希望將來台灣還能存活一些報紙，留供國家元首選擇。

寒蟬效應一旦開始，台灣言論界最寒冷的冬天也就到了。那時候，普天之下，率土之濱，都成了一言之堂，自然也就不必再為「言論自由」這些問題煩心了。

當代史學家陳寅恪有詩云：「座客善謳君莫訝，主人端要和聲多。」那麼，不願被送官的記者們，大家請趨吉避凶，就齊聲謳歌吧！

（二〇〇二年十二月一日《聯合報》）

18 風俗偷則不同為惡

當天下滔滔，這應該是要求知識份子的一項最低標準。

一九九八年一月九日，《聯合報》副刊登載龔鵬程教授的文章〈知識人往何處去〉。他認為：中國的知識份子，傳統上或居於歷史的中心勢力，或相信自己應該、也能主導歷史的發展，並引領社會的動向。但是現在居於歷史中心地位的是官僚和商賈，他們只是利用、雇用知識份子。知識份子已被徹底邊緣化，只能在一旁惋歎為什麼這個社會要走向他所期期以為不可的深淵。

二月十八日，在《聯副》上又讀到周志文教授的「回響」——〈莫說江山好，有國無人謀〉。他指出：界定知識份子的重要標準是能否「仁以為己任」。仁，是道德的極致。知識份子若能不放棄道德理想，在出處去就之間依然堅持某些原則，則知識份子即使不能入主政局，仍然不能算是社會的邊緣人。反之，知識份子如果媚世，與現實妥協，整個社會是非不彰、善惡不分，這時他即使身居高位，也不能證明他是社會的真正核心。

這是兩篇探討當前台灣知識份子生態與困局的極有力文字，雖然並沒有引起多麼熱烈的討論，不免有點兒寂寞，但總算有人注意到這樣的問題，為這個時代留下了紀錄。

「道德理想」是一個抽象的概念。一個讀書人，言行上要有怎樣的表現，才能符合「道德」的標準。討論這個問題，似乎向來有兩個層次：當條件許可時，知識份子要關注國家社會，為黎民百姓的福祉盡心盡力；當環境有限制而不可為時，知識份子也要能把持住自己，不同流合汙。所謂「兼善天下」與「獨善其身」，庶幾近之。

當然，條件要人來創造，知識份子既「以天下國家為己任」，怎能只把自身修持好了就算滿足？不過仁人志士是高標準，不能要求每個知識份子都做得到。在一個惡劣、腐敗的環境裡，知識份子如能不屈從、不墮落，留著自己這一點漂白劑，也許有使社會重現清明的一天。這樣的期許雖然低調了一些，但也非全無積極意義。

就是這麼一點最低限度的要求，拿時下一些事例來印證，某些知識份子都未必做得到呢！去年第四次修改憲法，輿論多指摘為「量身擴權」，但「量身」的設計者，「擴權」的推動者，主要都是知識份子。他們回拒各方批評的盾牌是：「政治的歸政治，學術的歸學術」。果然，在修憲完成之後，這些人就從學術走向政治——做官去了。

台灣推行「民主政治」的成果，被黑金吞食大半。但有知識份子為之辯護，認為黑道也有參政權，連國父孫中山都曾與幫派掛鉤呢！既然「黑金有理」，於是大學選校長、院長也照樣請客、送禮、綁票，看不出那是知識份子安身立命和宏揚真理的地方。

也許我們可以說，凡是有這類行為的人，都算不上「知識份子」。可是知識份子總得有一些外部條件。像我國歷屆內閣首長，多為留美學生，多有博士學位，總應稱得上是知識份子了；但很多人降志辱身，一方面招之即來載欣載奔，一方面揮之即去痛哭流涕，在位時也多患有唯唯諾諾的軟骨症，哪裡有半點知識份子的尊嚴？

這還只是從政治層面來看，在文化和社會層面上，某些讀書人或阿世媚俗，或立異鳴高，或為個人利益驅群眾如馬牛，早都失去了「仁以為己任」的知識份子守則。

蓋天下滔滔，誰不搶在前面順流而下，可能就有守舊、落伍的內心恐懼。就像在公路上開車，很多人都走路肩，有人就會覺得，不走就不識時務、吃了虧。

知識份子固然應有「兼善天下」的胸襟懷抱，但至少也要有「獨善其身」的起碼行為準則。鄭板橋有一封家書，勸他弟弟不要管別人做什麼，自己要做認為對的事。他說：「世道盛則一德遵王，風俗偷則不同為惡」。後半句林語堂的英譯是：「when the customs degenerate, abstain from walking in evil company.」abstain 這個字有「自動抑禁」的意思。如果有人把刀子放在你脖子上，逼著你說本來不願說的話、做你本來不願做的事，沒有人能苛責你；要是沒有那把刀子，你卻主動取媚干祿，那就是自辱自殘了。

所以，是否能「不同為惡」，以之丈量知識份子，也許還算是一把有用的尺。

（一九九八年三月十五日《聯合報》）

19 未見媒體好德如好色

觀察新聞界如何報導德蕾莎修女和戴安娜王妃逝世一週年。

一九九八年九月五日，德蕾莎修女逝世一週年。往前數四天，是戴安娜王妃九七年車禍殞命的日子。同屬名人，世人對她們的記憶與懷念似乎不一樣——至少在媒體上表現的有很大的不同。

在英國，報刊雜誌紛紛發表紀念戴安娜的圖文，並出版「典藏版」。電視上充斥各種相關節目，從討論她逝世對皇家的影響，到記述人們聲稱在夢中見到她的情景，應有盡有。

在巴黎，全球大批記者湧到戴妃出車禍地點，捕捉「懷舊」的一鱗半爪。原來要在那兒舉行的一場紀念詩歌朗誦比賽，也因為記者群的你爭我奪，而變成一場媒體混戰。

在台灣，報紙和電視也以不少篇幅和畫面紀念戴妃之死。不管你希望看多少，願意聽多少，大量資訊都迎面而來。

相對的，德蕾莎修女就真的是「寂寞身後事」了。從電訊上了解，國際紀念活動似乎不多。在台灣，我看到的，大概只有《聯合報》副刊以兩天的篇幅刊載〈德蕾莎說故事〉；至於電視新聞，只看到一家電視台的一段報導。

有人說，媒體並非偏愛戴安娜，而是她由一位平民女子搖身變成王妃，這個「灰姑娘的故事」太傳奇動人。但是德蕾莎的身世也不遑多讓。她是阿爾巴尼亞的小商人女兒，十二歲就立志到印度幫助窮苦的人。她在加爾各答組織「仁愛修女會」，濟助無家可歸者、孤兒、婦女、垂死者、痲瘋病患和愛滋病人。她後來把工作推展到印度各地，甚至印度國外，如委內瑞拉和義大利，連全球首富的紐約市都有她辦的一座收容所。

有人說，戴妃一改皇家的傳統，開始走向民間，親切而隨和。但是德蕾莎卻走向陋巷，走向貧民窟，時而還要從骯髒的溝渠中救人；不管對誰，都付出同等愛心。

有人說，戴妃熱心慈善事業，譬如推動國際掃雷等等。這當然是可稱道的，但是與德蕾莎服務之普遍和影響之深遠，還是不能比的。戴妃與查理王子離婚，一次獲得贍養費一千五百萬英鎊（合台幣約八億六千萬元），同時王室每年另付她「辦公費」四十萬英鎊（合台幣約兩千三百萬元），而德蕾莎無立錐之地卻能行善。她捐出了諾貝爾和平獎金，還要求免去例行的慶祝宴，省下七千美元給她濟貧。戴妃的「慈善事業」只是貴夫人的「戶外活動」，而德蕾莎是下田農婦的終身勤勞。做這些事，戴妃是偶一為之的票友，德蕾莎則是天天登台的職業演員。

無論從德行和貢獻來看，戴安娜都不能與德蕾莎相比，但是媒體在週年忌辰時給她們的待遇卻天壤之不同。究其原因，不外乎好德不如好色。所謂「色」，不盡然是「情色」，但也未排除「情色」。戴安娜秀麗婀娜，艷光照人；德蕾莎是個矮小瘦弱的鄉土女子，一襲「道袍」，滿臉皺紋。讀者觀眾，歡喜看到哪一個？

戴妃與查理分手前後，身心另有歸屬，從馬術教練到埃及富商，故事真箇是「盪氣迴腸」；一方面可以滿足大眾的窺視慾，另一方面也可填補人們在真實生活中的情感空虛。但德蕾莎早「嫁」給了她心中的天主，發誓與貧病之人長相廝守，她還能提供什麼八卦材料呢？

伴隨著戴安娜出現的，是衣香鬢影，是歌舞飲宴，是前簇後擁，所有畫面都是光鮮亮麗的「色」界，賞心而悅目；但環繞在德蕾莎身旁的人與事，卻是骯髒、貧病、無助與死亡，不僅黯淡，而且淒冷。媒體有選擇傾向，豈是無因？

但人類的生活環境並不都是戴安娜式的「美麗新世界」，夾雜其間的災難與疾苦，更需要德蕾莎式的愛心與援手。媒體虛擬幻境，有意無意的不去探索真實的人生、真正的人間。讓眾生在催眠與麻醉中生活，醒來時更覺空虛無助。

不錯，媒體是「商品」的一種，在市場的壓力下，完全不俗民化是很難的；但它無論如何還是「文化商品」，必須有一定程度的道德堅持與理想追求。如果媒體根本不在意社會外在環境的潔淨，則人類內在心靈的成長、轉化和昇華，就不知何由催生、根植何處？新聞人都說媒體是「社會公器」，但「公器」若無自主與自省的功能，那就可能淪為純技術性的「工具」。

德蕾莎一生迴避新聞界。有記者去印度訪問她，她只說：「你們去看我做的事，就足以說明一切。」最近，加爾各答市民打算為德蕾莎建一座銅像，並以她的名字為一條街命名，但「仁愛修女會」的繼任人宣讀德蕾莎預留的一封簽名信，謝絕以她的名字做任何事。所以，她死後新聞界對她的「輕忽」，也許正如她所願。

德蕾莎曾說：人常常把注意力放在負面的、壞的事情上，如果能多注意周遭良善、美好的事，就可以影響大家一起變得良善、美好。她說這番話本無專屬對象，但我總覺得好像是對媒體的殷殷告白。

（一九九八年九月十三日《聯合報》）

20 專業記者愈來愈難找了？

海倫・湯瑪斯會結束新聞界一個時代嗎？

美國女記者海倫・湯瑪斯二〇一三年七月二十日辭世，享壽九十二歲。她採訪白宮新聞逾半個世紀，歷經甘迺迪到歐巴馬十位總統。

一九九五年八月四日，柯林頓總統在白宮簡報室為湯瑪斯慶祝七十五歲生日，自己客串記者，拿著麥克風訪問這位「新聞界第一夫人」。副總統高爾和眾多新聞界來賓，笑嘻嘻的站在一旁「觀禮」。

當時我藉「感時篇」寫出了我的感想：「台灣能有七十五歲的女記者嗎？」事實

上，不僅沒有七十五歲的女記者，七十五歲的男記者也找不到。蓋台灣新聞界一向視「老記者」為「落伍者」的同義語也。

湯瑪斯一九六一年任職合眾國際社採訪甘迺迪選戰。甘迺迪當選她也隨之進入白宮。她歷經古巴飛彈危機和總統的遇刺。她目睹黑人民權大遊行以及詹森簽署「民權法案」。她也「參與」了人類登陸月球以及迄今仍愛恨難明的越戰。她隨尼克森去北京，看他與毛澤東握手。自然也因水門案而目送「狡猾的狄克」黯然離去。福特帶她去訪問赫爾辛基，卡特與中共建交，雷根與戈巴契夫協議裁減核武，隨後醞釀成蘇聯的解體。在老布希任內有波斯灣戰爭，柯林頓、小布希之後美國選出第一位黑人總統。

隨便從記憶中舉出這些歷史事件，湯瑪斯都曾親眼目睹，並從她的打字機傳向全世界。她這一生沒有虛度，一直站在世界最前端，看世局翻滾搖變。

湯瑪斯因為卓越表現，而成為白宮記者聯誼會第一位女會長。她面對世界上最有權力的人總是不亢不卑，而又單刀直入鍥而不捨的提問。譬如她當面直指小布希是「美國史上最差勁的總統」，並問他為何要發動伊拉克戰爭？小布希要解釋，被她打斷，「伊拉克人民沒有對美國做出任何危害的事。」湯瑪斯的作風幾乎惹惱了歷任總統，但也贏得他們的尊敬。歐巴馬發表對她的悼念詞說：「海倫讓包括我在內的所有總統精神緊繃，不敢鬆懈。」

在美國做一個專業記者，似乎比台灣較有活存的機率。除了湯瑪斯，像當年的華特·克朗凱以及邁可·華理士和芭芭拉·華特絲這些人，他們隨年歲所增長的歷練，更增加讀者和觀眾的信任。但這些「前輩風範」已經不再，美國也早開始流行「青年才俊」。

而在台灣，新聞機構衙門化，記者跑新聞三年五載還不升官遷職，自己心裡固不能平衡，外界也會「另眼看待」。內外相逼的結果，就使我們的「資深記者」制度更難建立。一旦這些人離開第一現場，則記者最應該建構的學養、視界、洞察力和敏感度，往往隨之停頓或中斷。

「久任」還只是專業記者問題的一小部分，最重要還是對專業規範在行為上的遵循和精神上的信守。譬如醫師不可害人，律師不可說謊，會計師不可造假帳。今天我們的新聞界，多少人能自信「有所為」？更能自信「有所不為」？孟子說：「人有不為也，而後可以有為。」

台灣其實並不缺少「專業記者」，有的「專業」在扯開女人的胸罩，以換取金錢利益；有的「專業」在造謠抹黑，以換取政治利益。台灣新聞界未能受人充分尊重，並非無因。

海倫・湯瑪斯之死，會代表新聞界一個時代的結束嗎？

（二〇一三年八月一日《聯合報》）

21 當網路取代了報紙

則李紳日食活雞三百隻就會成「事實」。

兩年來網路盛傳：「台北榮總失智症權威醫師劉秀枝失智了！」這消息教人意外，也教人惋惜。

但是今年四月二十七日的《聯合報》忽然引述劉秀枝的話說：「網路的消息是正確的，只是提早了二十年。」她雖退休，但還沒有老到失智的程度。

兩年前劉秀枝一位親戚罹患失智症，她在報上以第一人稱寫了一封信，提醒社會大眾注意養生預防。文末特別註明「這封信獲得這位可敬的女士同意後刊登」，但有網友認為「這位可敬的女士」就是劉秀枝本人，於是傳發了這條「新聞」。起初劉秀枝不想澄清，怕愈說愈亂，最近記者訪問她，她才出面「更正」。

美國新聞學者菲利普．邁耶二〇〇五年寫了一本書《正在消失的報紙》，他運用美國「全國民意研究中心」的調查數據，預測到了二〇一五年讀者對報紙的信心趨勢線將到零點，到二〇四三年全部報紙都會停刊。邁耶的書引起震撼，但也引發辯駁。不管他的預測準確度如何，但報紙讀者式微、網路使用者增加，那是事實。如果有一天網路真的取代了報紙，則新聞的正確性會如何？品質有保證嗎？在報紙來說，外面有專任的採訪記者，負蒐集和查證的責任；內部則有編輯，負責整理、淨化和再確認。報紙發布的新聞，不敢說絕對正確，但可信度是極高的。而且，若發生錯誤，還有人負責。這些，網路似乎都還沒有建立。

不僅是劉秀枝，連皇帝的事都有人敢隨意編寫。二〇一二年網上出現一則報導，「發現」光緒皇帝在京師大學堂開學典禮上的講話全文，這使一般讀者大有興趣，也驚動了史學界。但輾轉追查，原來有人取材自一本小說《一個人的甲子》，把虛構說成了史實。京師大學堂固然是光緒全力推動的新政之一，但它於一八九八年十二月三十一日開學時，離戊戌政變已一〇三天，光緒早被慈禧幽禁在瀛台，哪裡還有行動自由？

網路新聞最驚人的，是對唐代詩人李紳的栽贓。李紳有一首題為〈憫農〉的詩：「鋤禾日當午，汗滴禾下土，誰知盤中飧，粒粒皆辛苦。」中國人多能琅琅上口。

兩年前大陸網路上忽然出現貼文，說李紳為官時，喜食雞舌，每天一盤炒雞舌要殺活雞三百隻。有網友氣憤的說：一直以為他是一位敬天愛民惜物的詩人，原來我們從小就被騙了。

有「實心眼」的人遍查各種典籍也找不到「李紳殺雞」的出處，就一步一步查「新聞」源頭，查到最後，在一地方報紙副刊上有篇文章，裡面有這麼一句話。找到作者，他表示自己也不是「首發者」。再查，就斷了線。

有網友說，古代沒有大規模養雞場，一天吃三百隻雞，一個村子的雞一天就吃光了，一個縣能吃幾天？憑常識就知它不可信。

網路尚未取代報紙，但「新聞」的比重愈來愈多。將來媒體環境會是什麼樣子，教人放心不下。

（二〇一三年五月九日《聯合報》）

22 「公民記者」與「秦檜遺囑」

「公民記者」的最後責任在哪裡？誰課他們以責任？

中國大陸不久前在考古上有「重大發現」，根據社群網路報導，南京近郊發掘出宋代秦檜的墓，內藏秦檜親筆書寫的「政治遺囑」，它推翻了近兩千年來歷史的紀錄和世人的理解——原來秦檜是個忠臣。

當時報導說，「據專家鑑定」遺囑寫於高宗紹興十四年（一一四五年），是秦檜死前十年，岳飛被殺後兩年。遺囑主要說明以下各點：

一、秦檜認為，在當時的國情下，與金議和是保全國家的唯一途徑。秦檜對岳飛的主戰也給予很高評價，認為「以打促談」效果很好。

二、秦檜說，岳飛功名心太重，不僅要光復失地，且要「迎回二帝」，不考慮高宗利益，且力勸高宗立嗣，使高宗疑其有擁立幼主之心，乃引發高宗殺機。秦檜自云雖曾盡力保全岳雲和張憲，但高宗指示全殺，他也無可奈何。事後同僚質問他，他只能以「莫須有」含糊應對。

三、秦檜還在遺囑中嚴厲指責士大夫空言誤國，不知兵而好言兵事，以主戰邀愛國之名，完全不顧國家的實際處境。他委曲求和，自知不能見諒於後代，但問心無愧。

這種顛覆歷史的「大發現」，自然轟動一時，網路競相轉載，「秦檜的遺囑」一時成為重要歷史文獻。但它是真的嗎？經過有心人的仔細考查，發現它竟然是一篇「文學創作」。

原來有一位署名「聞聲」的網民，在他個人博客（部落格）上貼出一篇「仿新聞體文學創作」，題為：「年終考古大發現：秦檜政治遺囑出土」。他在文末註明：「原創博客文學作品，請謹慎轉載或摘錄」。但這篇「創作」太有「創意」了，網上大量流傳，再沒有人注意到他的「聲明」。

事實上「聞聲」的「大作」發表前，南京市郊的確發掘出秦檜家族墓穴，後來證明是秦檜兒媳曹氏的，非秦檜本人。

「秦檜政治遺囑」的流傳這類事件，既非空前，也不可能絕後。因為網路發達，擴大了新聞言論自由的範圍，人人都可發佈消息，人人都可參與討論，媒體的載具和平台被打破了，時間和空間也被打破了，真可謂開媒體未有之大變局。

君不見，不久前北非中東國家吹起茉莉花革命風潮，一夕間好幾個政權被推翻。如果沒有網路新興媒體的無遠弗屆和快速傳播，哪裡會有這種立竿見影的結果。

但凡事都互見利弊。當人人都可為「公民記者」的時候，人們不免要問：「這消息是真的嗎？」「誰來替我們證明？」傳統的平面媒體，以公眾的「守門人」自居，他們選擇和過濾新聞，他們是一個文化社團，自覺的講求「專業倫理」和「社會責任」。但「公民記者」的最後責任在哪裡？誰課他們以責任？

「國際新聞學會」（ＩＰＩ）第六十屆年會日前在台北召開，大家對科技帶給媒體的變革，既喜且憂。喜的是：資訊可自由傳播，不會被少數人所壟斷，也難於被有心人所刪剪；但可憂的是：那些被傳播的資訊，都是「有品質」的、「有價值」的、「有意義」的？非真實而可靠的消息，會不會受利害相關者所操縱，它愚弄了閱聽人，也影響了輿論的走向？

現在沒人能回答這個問題。有人寄希望於「公民記者」個人的道德水準，認為「人之初，性本善」。這個想法可能不切實際。但網路新聞已是莫之能禦的大勢所趨，有這樣的祝願，總比心懷悲觀來得「積極」。

（二〇一一年十月二十七日《人間福報》）

23 什麼樣的「人」辦報才好？

「文人」已不易得，「報人」更難企求；物競天擇的結果，將來也許只剩下「商人」辦報了。

早年的同事顏文門先生接辦《臺灣日報》，標舉將以「報人辦報」的精神來經營這份報紙。「報人辦報」這這樣的話，現在說的人似乎不多了，難得再有人出來提倡。

但什麼是「報人」呢？「人」字的用途之一是界定身分，如農人、工人、軍人等等。不過它也有價值標準的涵義在內，當我們說到「學人」時，要求就非常嚴格。一般的讀書識字當然稱不上「學人」，就是在大學教書也未必一定是「學人」；在知識層面上，「學人」要能「究天人之際，通古今之變，成一家之言」才行。

「文人」的用法就不那麼嚴謹，它泛指一般知識份子，所以「文人辦報」或「文人論政」的說法，就常為大家所援用。中國積弱，晚清時瀕於瓜分豆剖。感時憂國的志士仁人，思自強以救國，於是興辦報紙，期能喚醒民眾，開創新局。所以無論是維新者、革命者，基本上都是文人士大夫，以天下國家為己任，吶喊呼號，嘔心瀝血。

提到這樣的人，當然會立即想到梁啟超。他的《新民叢報》和《時務報》是文人報紙的先驅。他寫〈敬告我同業諸君〉，劈頭就說：「嗚呼！國事不可問矣！其現象之混濁，其前途之黑暗，無一事不令人心灰望絕。」但他寄希望於新聞界，認為報紙有兩大天職：「一曰對於政府，而為其監督者；二曰對於國民，而為其嚮導者。」他把登斯民於衽席之上的責任，攬到自己的身上：「吾儕手無斧柯，所以報答國民者，惟恃此七寸之管……。當此中國存亡絕續之交，天下萬世之功罪，吾儕與居一焉！」浩氣凜然，當仁不讓。

有這種國士精神的報業先賢，下一個或應為《大公報》的張季鸞。張氏民國三十年病逝，三十三年《季鸞文存》成書，他的老戰友胡政之寫序文，讚揚他「始終是一個熱情橫溢的新聞記者」，是「一個文人論政的典型」。他提醒讀者，讀張季鸞的文章，要能「識念其一貫的憂時謀國之深情，進而體會其愛人濟世的用心。」憂時謀國，愛人濟世，不僅是張季鸞，也應是那個時代辦報文人的共同寫照。

張季鸞只活了五十四歲，畢生服膺「職業倫理」，已到了對自己苛求的程度。他在《大公報》上所撰〈本報復刊十年紀念之辭〉中，一再聲言，他個人及同僚「雖技能有限，幸品行無虧。」「不敢存成見，有偏私，兢兢自守，十年一日。」「苟有主張，悉出誠意；錯謬定多，欺罔幸免。」

「文人辦報」雖形成中國報業傳統的主流精神，惜乎中國知識份子不屑言錢，他們寫了一篇「擲地有聲」的社論，自認可匡時濟世，即心滿意足；至於報紙能不能賣得出去，賣幾元幾角，都不是他們關注的重點。所以當年文人辦的報紙，往往入不敷出，不久即告關門。像西方報紙那樣，有制度，有方法，能永續經營者，實不多見。

中央政府遷台後，四十七年來，由於工商勃興、政治開放、社會多元，報紙才真正走上企業化經營的現代道路。不過利之所在，弊亦隨之，一旦把報紙當成商品，就不能不講求包裝，講求促銷，講求迎合消費者的口味；若把持不住分寸，則士人辦報的濟世理想漸消，而商人辦報的利害之念漸長矣！

去年香港某富商辦一大眾化報紙，挾其財力，半賣半送，遂引發香港報業「減價戰」，好幾家報紙無力支撐，只好宣布停刊。九二年至中國大陸參觀幾家頗具規模的報館，泰半兼營其他行業，從餐廳到旅行社到計程車行都有。一家報紙負責人狀頗自得的告訴我，他們有八家「關係企業」，統統賺錢，所以報紙賠點錢沒有關係。現代報紙是一個很大的生產事業，「物競天擇」的結果，將來可能只剩下有錢的商人才能辦報。

我們當然不應歧視有財力的商人，何況報紙也需要企業化經營。但商人可能缺少對權力和利益的免疫能力，不易堅守新聞記者的專業立場。英千里的父親英斂之創辦的《大公報》，民國十五年一度停刊，張季鸞等人接辦時，在續刊第一日為《大公報》的新聞與言論立下一個標準：不媚強梁、不阿群眾。就是在今天來看，仍是對辦報者人品和報品的嚴格要求。

強梁是有勢力的人。有最大勢力者莫過於政府，它可以給你方便，給你榮寵，給你經濟利益，甚至給你官做；但也可以打擊你，封鎖你，退你的報紙；在這種情形下，你是要盡「社會責任」監督它、批評它，還是基於私心私利去「媚」它？最難過的關還是「不阿群眾」。民意至上的時代，而讀者又是報紙生存發展的基礎，不趨時尚，不從眾，那不是跟自己過不去麼？《聯合報》四十週年時余英時教授寫一紀念文，其中有云：「蘇軾嘗言之，從眾者非從眾多之口，而從其所不言而同然者，是真從眾也。夫輿論未有不從眾者，然所從者其為眾多之口歟？抑或不言而同然者歟？斯則當時所不易知而必待事久而後定之。」問題是，現實利益和「事久而後定」的價值，孰為輕重？要看什麼人來衡量？

「報人」二字，談何容易？編報的人未必是報人，賣報的人也未必是報人。在「憂時謀國，愛人濟世」的「文人」懷抱之外，更能「發之以勇，守之以專」，才配稱為「報人」。吾儕高山仰止，雖不「易」至，然應心嚮往之。

（一九九六年九月一日《聯合報》）

24 太平和的人，不能辦報？

胡適當年的問題，今天仍然存在？七十年前，胡適之的朋友說他太平和了，不能辦報；今天，台灣的新聞界還是容不下平和、理性的聲音。

胡適民國十一年二月七日的日記：

「高夢旦先生來京，今天來談。他很勸我不要辦報。他在上海時，與王雲五、張菊生、陳叔通三位談及此事，都不贊成我辦報。他們都說我應該專心著書，那是上策；教授是中策；辦報是下策。叔通還說我太和平了，不配辦報。這一班朋友的意思，我都很感謝，但是我實在忍不住了。我等了兩年多，希望國內有人出來做這種事業，辦一個公開的、正誼的好報，但是我始終失望了。」

胡適的這一部分早年日記，不久前在大陸發現，並輯印成書，不知在台灣曾流傳否？做為一個現役新聞記者，讀了這段記載，內心頗為感傷。大陸無真正的報紙，固不論矣！就是在今天的台灣，一個性格、態度平和的人，好像仍舊不適合辦報。從民國十一年到七十九年，時光幾乎相隔了七十年，我們的記者和讀者究竟進步了多少？

台灣解嚴後，報紙從三十幾家陡增到一百多家。大家本引領以望中國新聞事業發皇時代的來臨，但不旋踵間，一向扮演批評角色的新聞界，猛然已置身社會各階層的激烈抨擊中。正如《天下》雜誌最近一期檢討新聞界的文章所說：「報紙身陷批判火網」。

反權威成了時尚

炮聲隆隆，做為在火網交集下的一名新聞從業人員，不能不深自反思，我們新聞界究竟出了什麼差錯？依我的觀察：

第一、報紙在長期的政治壓抑下，隨著專權體制的崩解得到發洩的機會。反權威成了當前報業前進的動力，甚至成了時尚。凡權威一律反對之。政府、首長、社會領袖和典章、制度，都是權威的象徵，所以不管對錯是非、善惡好壞，盡量出之以否定的態度，免得被人譏為保守落伍。我們以自由言論戕害了言論自由，秩序、倫常等價值系統找不到定位，欲社會不亂，豈可得乎？

第二、新報需要生存空間，舊報需要鞏固地盤，大家全力爭奪這塊有限的市場大餅，什麼社會責任，什麼報業規範，都成了可笑的高調。看看某些報紙明示暗諷的「明牌」，看看各種「政治內幕」，看看對議會和街頭暴力多所鼓動的報導，看看琳琅滿目的密醫、應召女和香菸廣告，要說我們的新聞界還能代表「第四權」，對社會產生守望和引導的功能，那不是太厚顏欺人了嗎？

第三、新聞報導追求的最高標準是忠實，評論的最高準則是客觀。忠實和客觀不會憑空而來，首先要記者立場的超然。但是這兩年來台灣的政治發展如洪流翻滾，不僅驚心動魄，而且席捲一切。新聞界很多人把持不住，捲入了政爭的漩渦。

政爭分兩方面，一是執政黨與在野黨之爭，有的人無條件的維護執政黨，有的人則溺愛式的支持在野黨。前者延緩了執政黨的改革進步，導致了憲政危機，後者則使在野黨難以發現自己的缺點，使其尚未執政即開始墮落，均非國家民主政治之福。

溫和平衡成了異數

政爭的另一發展是執政黨的內鬥。「主流派」和「非主流派」在新聞界各有支持者。不僅陷於「擁護」和「打倒」的公式，而且有明顯的挑撥煽火行為。大半年來，政局不安所引發的各種社會問題，報業豈能說沒有道義責任？

第四、新聞界的剛愎與私心也令人印象深刻。報紙常自視為輿論的代表，評斷問題，臧否人物，無不勇於發言，但是社會批評報紙的聲音，多半無從表達，而且也少見報界有何積極回應。

這種自滿很容易流於自私——凡是和我不一致的都是我不能接受的。顯著的例證之一，是某些報紙對郝柏村的態度。

郝柏村組閣，我個人基本上不贊成。以軍人主持行政部門，與台灣的民主進程不符，而且有軍人干政的危險。但是閣揆的提名權在總統，同意權在立法院，當這些法定程序都完成了，我們只有接受，但嚴格監督他把事情做好。他犯了錯，我們批評他，做對了則支持鼓勵。但是有些報紙不管他做對了做錯了總是每天罵他，必去之而後快，這就是有私心。這些人反對郝柏村時說是基於民意，可是當民意調查他得到七〇％以上的支持時，卻又在字裡行間暗示人民的心智不夠成熟。這樣的報業，和新聞記者的工作信條是不能統一的。

新聞界這些內在的缺點和外在的行為失當，具體表現在「口不擇言」上。凡是最刻薄的話，最粗魯的話，最不禮貌的話，最傷人的話，最不公道的話，最不負責任的話，都曾大量出現在報紙上。報紙成了言詞激烈程度的競技場，溫和平衡的報紙反而成了異數。讀者辛辣東西吃得多了，不僅口味，連性格也跟著變了。不正常的新聞界激成了不正常的社會，這就是當前的報業受人詬病的地方。

容忍比自由重要

胡適的朋友認為他「太和平了，不配辦報」。將近七十年後，看看今天的台灣，一個太和平的人，似乎仍不宜辦報。

民國十一年，軍閥橫行，壓抑所有的輿論，太平和的聲音，不足以抗爭，不能引起注意；今天，言論自由的束縛幾已全部解除，可是報紙的聲音仍然必須激烈，不這樣就壓不倒其他激烈的聲音，使自己出人頭地。兩個時代的病情不同，但病徵卻一模一樣，歷史真會作弄和嘲諷我們。

但是太和平的人真的不能辨報嗎？

胡適和他朋友口裡的「報」，是廣義的「報刊」，胡適並未聽他們的勸告，他先後創辦和參與工作的，有《新青年》、《獨立評論》、《每週評論》、《努力》和《讀書雜誌》等等，他就用他朋友們「指責」的「和平」的態度為國家和同胞的利益講話。苦口婆心，義正辭婉。

民國五十年一月十三日他還告訴他的祕書胡頌平說：「寫文章的態度要嚴正，切不可流於輕薄。」晚年他也提倡「容忍比自由更重要」，要大家節制使用自由。

但是，歷史留下了胡適的聲音。

（一九九〇年九月號《遠見雜誌》第〇五一期）

25 黎智英名言：沒有人性才能做傳媒

他認為狗仔隊文化是社會大眾需要的東西。

外界傳聞，台灣的「壹傳媒」事業將要出售。

原在香港發跡的《蘋果日報》和《壹週刊》二〇〇一年進軍台灣。在此一年以前吧，「壹傳媒」負責人黎智英先生率主要幹部到台灣拜會同業、考察市場。在報館款待來賓的宴席上，筆者問道：「黎先生，您為什麼把報紙取一個不像報紙的名字『蘋果』？」黎智英哈哈大笑：「讀者會跟您一樣好奇，到時都想買來看看。您這一問，就證明我們商品的廣告成功了。」

問答之間，我對這位「從一元港幣到五億美元」的創業成功人士，印象更加深刻，也對自己提出這麼淺薄的問題自慚形穢。

鑑於「壹傳媒」在香港的所向披靡，現在「蘋果」大軍壓境，台灣新聞界不免風聲鶴唳，大家紛謀禦敵之道。但研究來研究去，有的不願「蘋果化」，因為那違反自己的價值標準和歷史傳統；有的不能「蘋果化」，因為沒有那麼多「人才」，而徹底改頭換面也要大筆資金。左右為難之際，而兵已渡河矣！在「狗仔隊」的鐵蹄之下，台灣媒體環境已面目全非，而一顆蘋果從天而降，對台灣社會生態的影響也有目共睹。

很多人如區區者，總覺得「狗仔隊」是一個負面詞語，但黎智英先生在他的自傳裡把「狗仔隊」定義為「求真」。

黎先生二〇〇七年發表他的自傳《我是黎智英》。這書名，就滿溢著自信與豪情。黎先生細數他從「街童」到富豪的創業經過，使人認識到，天下沒有白吃的午餐。

黎智英是媒體人，他經營媒體的理念，自然是大家最關心的。他在自傳中有一句話，震古鑠今，石破天驚。他說：「沒有人性的人才能做傳媒」。原段全文是這樣說的：

「做傳媒是一個很難的行業，而且必須面對很多困難的決定，所以我不讓我的小孩做傳媒。有時候會想，你少一則新聞不會死啊，但他少了老婆可能要死啊，那你為什麼還要這樣做？我本來就沒有人性，很多事情對我不重要，所以我適合做傳媒。但我不希望我的小孩沒有人性。」

如果我沒有曲解黎先生，他的本意好像是說，即使我發了這條新聞，使你家庭破碎，是與人性不符的，我也要發，因為「我沒有人性」。如果這事從家庭擴及社會人群，不知人性在黎先生的天平上分量如何？黎先生雖對人性不在意，但他卻不要他的孩子繼承父業，不希望孩子也「沒有人性」。

可是黎先生忘了，他擁有一個大媒體企業，多少青年記者依照他的理念和指示行事，有時無法顧全「人性」；多少青少年讀者讀他的報刊接受薰陶，將來可能也會「沒有人性」。他們無一非「彼亦人子也」，黎先生何故獨愛自己的孩子？愛自己的孩子就是「人性」，黎先生說自己「沒有人性」是太「自謙」了。

「狗仔隊」是「壹傳媒」事業的文化核心，黎先生在自傳中說：「很多人從負面去解讀狗仔文化，但是狗仔隊是從『求真』開始的。只是現在香港的狗仔隊競爭激烈，有時就會過了頭。」黎先生忘了，香港狗仔隊也是他的屬下，而台灣狗仔隊是否「過了頭」，黎先生則沒有評論，但是他有了「結論」：「狗仔隊是已經存在的東西，不能退回去了，這已經是很多讀者要看的東西」。

黎先生這話透澈極了，狗仔隊與讀者之間是自由市場的供求關係，讀者有好者，則狗仔隊必有甚焉。社會大眾批評狗仔文化是沒有正當立場的。

「壹傳媒」揭發了政商演藝各界若干「黑暗面」，有人譽為「淨化」了社會；有人詆為毀禮崩樂，「惡化」了社會。功過孰大？不僅有今日讀者的判斷，也有來日歷史的評斷。

不管你對「壹傳媒」的看法如何，就新聞界角度來看，「蘋果」輸台，有它的積極意義。首先它起了「鯰魚效應」，使原有媒體不敢偷懶，而「游」得更快、更積極；其次，使同業注意到「蘋果」新聞多樣性、貼近讀者與活潑版面的一些做法，擇其善者而從之，對讀者提供了更好的服務。

即使「壹傳媒」真的出售，它的實體報刊還將繼續下去，台灣媒體事業，包括新的「壹傳媒」，未來的走向，恐怕還是在「人性」與「市場」間的平衡選擇。

（二〇一二年九月六日《聯合報》）

26 壞政府有任期，壞媒體沒任期

設台灣普立茲獎能匡正新聞界？

佛光山星雲大師日前和媒體主管座談，為了鼓勵傳播界報導「社會光明面」，他發願於今年設立「真善美新聞獎」，每年提供新台幣五百萬元獎勵優質報導，並期許能成為「台灣普立茲獎」。

「現在能救台灣的就是媒體了！」星雲大師這句話，叫我這個半退休的記者好生慚愧。我們新聞界配受這樣的期許嗎？我們有這麼大的能耐嗎？

台灣去年選出的代表字是「亂」。結果一經公布，各方眾議僉同，足證是社會共識。

新聞界常自我標榜負有「社會責任」。什麼是「社會責任」？就是基於社會的正常發展，有些事他們應該做，有些事不應該做。就時下而言，他們應該做的是撥「亂」反正，不應該做的是主動的或被動的一起潦落「亂」下去。

新聞界的無力救世，也難以自拔，主客觀因素都有，其犖犖大者如：

台灣已失去道德座標，人的行為多不受真理規範，而各以己意為是，各訂自己的準則；世無英雄，成名的豎子不足為典範，青年人無所效法，成年人無所依託，台灣不僅是「失落的一代」，而是失落的兩代、三代；國家無目標，社會無意志，台灣像熱鍋上的螞蟻，看起來「活力」很強，但有多少力氣只是出自對未來無助的焦慮。

在這樣的環境裡，那些想負起「社會責任」的媒體，或受制藍綠標籤，或困於發行收視，自救已經不暇，哪裡還有做中流砥柱的雄心壯志？那些本棄「社會責任」如敝屣的媒體，或選邊表態以邀寵，或媚俗譁眾以求財，各在自己的安樂窩裡心安理得了。

鄭板橋勉人「風俗偷則不相與為惡」，本是一句「自了漢」的消極語言，但在今天，可能已懸得太高了。

星雲大師以宗教家的眼光觀世，他在意的可能是新聞界的「羶、色、腥」，但這尚不足為慮。「普立茲獎」的祖國，也有《花花公子》和《好色客》這類刊物，但是它也有《時代雜誌》、《新聞周刊》、《大西洋月刊》、《紐約客》、《讀者文摘》這類讀物。在紐約市，《每日新聞》和《紐約郵報》的作風都不嚴謹，發行量也都比《紐約時報》為大，但有《紐約時報》在，就會使人忘記另一些媒體的膚淺與瑣碎。

台灣今天的問題，不在有八卦雜誌或八卦報紙或聒噪的電視台，而在主流媒體的群落無法形成，中道力量無從發揮。這究竟是他們受了環境的左右，還是他們應該去左右環境，這又陷入雞與蛋孰先的困局。

過去幾十年的台灣，加於新聞界的胡蘿蔔與棒子都有。以言制衡，有「新聞評議會」和「媒體觀察基金會」等等；以言獎勵，那就更多，有「卓越新聞獎」、「曾虛白新聞獎」、「吳舜文新聞獎」、「兩岸新聞獎」、「光明面新聞獎」等等，不一而足。如果這些獎都效果不彰，則今年多一個「真善美新聞獎」就能「扭轉乾坤」？

再往前看，梁啟超辦《新民叢報》、張季鸞辦《大公報》，有什麼新聞獎？儲安平辦《觀察》、雷震辦《自由中國》，又有什麼獎？他們不要獎，他們有抱負、有理想。今天台灣的新聞界，抱負為何？理想在哪？

前輩報人成舍我當年對抗行政院長汪精衛，正氣凜然的說：「我可以幹一輩子新聞記者，你不能幹一輩子行政院長。」這句名言，百載以下讀來仍叫人肅然動容。但問題也就在這兒，一個不盡責任、為非作歹的政府可以更迭，陳水扁和馬英九最多都只能幹八年，但是一個不盡責任、為非作歹的媒體，卻能「幹一輩子」，這怎麼得了？

這個根本的結怎麼解開？台灣現狀怎麼改進？筆者淺薄，無以為對，只好留待方家高人。

（二〇〇九年一月十八日《聯合報》）

27 是報紙決定了讀者？還是讀者決定了報紙？

英國幾家報紙刊載了莎拉王妃和美國男友在一起的上空照片，英倫三島一片喧譁，在千萬里外的台灣，我們似乎也能感受到那種熾熱的沸騰。

說來有趣，自不列顛翹家的美國人，總是給老家的兄弟姊妹惹麻煩。五十七年前，英王愛德華八世愛上了離婚的美國歸人辛普森女士，認為沒有她的支持，他就無法克盡帝王的職責，於是甘願降級改敘做溫莎公爵，也要與所愛的人常相廝守。由邱吉爾捉刀的那篇遜位聲明，文華情茂，讓後世的青年吟咏低迴。

我們試想：愛德華和辛普森兩情繾綣，花前月下，能沒有一些親暱的行為？為什麼當時的新聞界都沒有報導？你可以說，那時候照相機還沒有長鏡頭，新聞記者也還沒有學到間諜式的採訪技巧。就算你說的對，但美國羅斯福總統的情況又怎麼解釋呢？新聞記者近距離照相，也總是規避他患過小兒痲痺症的腿部。這些，都被認為是對國家領導人的尊重。

你也許反駁，什麼國家領導人？太封建了！現在是民主時代，任何一位公眾人物，尤其是政治人物，都必須接受新聞界的監督檢驗，以防他有違法亂紀的行為，危害國家社會的利益。好，就算羅斯福時代的美國還不夠民主，到了一九六一到六三年的甘迺迪總統呢？他某些私生活的內情新聞界並非不知，直到他遇刺身亡都沒有人提過。不像現在，在大庭廣眾之前，當著來訪的外國領袖的面，記者公然問布希總統有沒有和他的女助理上過床？

什麼是公眾人物品格上的事，應該接受評斷？什麼是他們個人的隱私，有權不必公開？這個問題在世界各國都還沒有釐清。有時新聞界對公眾人物緊迫盯人式的監督，還真管用，他們就曾迫使一位說謊的總統黯然去職。因為這樣，公眾不免對新聞界多所容忍，而新聞界往往恃寵而驕，右手握無遠弗屆的傳播利劍，左手拿人民有「知之權利」的堅厚盾牌，衝入個人權利陣中，殺聲四起，一時血流成河。

早在一九五五年，以色列司法部長就說過：「當前民主國家的主要問題，不是如何保障新聞自由，而是必須保障個人自由免於被新聞自由所侵犯。」這話說得很沉重，新聞從業人員應該無所迴避。

英國報紙刊登莎拉王妃的上空照，多數英國人並不贊成。根據《泰晤士報》的民意調查，有超過半數（五三％）的受訪者認為報紙不應刊出這樣的照片。儘管不贊成，大家可都搶著買，數百萬份報紙在兩、三小時內一掃而光。

這樣的「景觀」，從「非理論方向」解答了我們上面對新聞界的質疑：吾豈好登哉？讀者愛看也！媒體以讀者喜愛的「理由」，傳播了受讀者批判的資訊。這樣的弔詭，實在諷刺。

外電報導刊登莎拉王妃上空照的幾家報紙為「小報」（Tabloid）。「小報」一詞有兩層意義，其一是報型「小」，通常是八開；另一是報格「小」，新聞總是聳動加激情。以美國為例，《紐約郵報》和《每日新聞》報型小、報格亦小，所以同被稱為小報；《基督教科學箴言報》報型小，但報格不小，所以沒有人稱它為小報。反過來說，即使報型為對開甚至整頁，如果不正派辦報，內容不入流，還是小報。因此，是報紙決定了讀者，不是讀者決定了報紙。

世界萬物繁華豐富，人生道路非僅一途，誰都無權強求每一個人只能接受某一些資訊，只能閱讀某一類報紙。但媒體工作人員獻身於影響力極大的新聞事業，做為「守門人」，他們就有責任為讀者鑑別和選擇新聞。他們不能利用一般人「人性趨下」的弱點，打著新聞自由的旗號，餵給讀者他們本就知道沒有營養、甚至已經腐敗了的食物。

（一九九二年八月二十九日《聯合報》）

第五部

獅，醒了；龍，怎樣了？

習近平訪法，針對拿破崙當年所談「中國是頭睡獅」這句話，宣示「這頭獅已經醒了」！

如果大陸這頭睡獅已醒，那麼曾為「亞洲四小龍」之一的台灣，現在怎樣了？

1 願共產黨在大陸做得好

他們若把大陸搞砸了，台灣會第一個受害。

讀到「願共產黨在大陸做得好」這樣的文字，某些習慣給人戴帽子的人一定會脫口而出：「傾中賣台。」殊不知真正「愛台灣」的人，絕不希望共產黨把大陸搞砸了。那樣，台灣會第一個受害。

前北大教授袁紅冰「六四」離開大陸後就沒回去，日前他在政大演講時指出，中共政權腐敗，人民貧富懸殊，內部有巨大矛盾。這樣的客觀環境，「是產生社會革命的必然模式」。他預測大陸二〇一三至二〇一五年間將有巨變。

袁紅冰的語音未落，廣州農民工千人暴動，五千軍警進城，且動用裝甲車，拘捕數十人。在衝突中，據說有五人喪生。與此同時，聞湖北、內蒙也有警民對峙之事。

事實上，大陸社會的不安，近年日趨嚴重。當局曾把各地「群眾事件」的錄像帶編集起來，輪流放給中上級幹部看，要大家提高警覺。看過的人以「怵目驚心」形容之，是他們想像不到的。

大陸內外信仰自由主義的中國人，甚至外國人，無不希望中共盡早進行政治改革，結束一黨專政，走向民主、人權、法治。尤其在中東和北非茉莉花猛然爆開之際，這種期盼就更加熱切。

但是也有人持比較穩健的態度，認不宜冒進。素來關注中國大陸政局的新加坡大學東亞研究所所長鄭永年，五月三十一日發表文章，認為「中國需要民主，但必須是漸進的」。他說：「在沒有建設好現代國家制度之前，過早引入政府票決民主和地方選舉民主，會帶來意想不到的負面效果。」

這種「效果」，代價可能很大。中國面積九百六十萬平方公里，人口十三億，這樣的龐然大物，一旦亂了秩序，橫闖直衝，能不教人害怕？

中共統治大陸六十年，可以批評詬病之處自然甚多。但他們也不是什麼「好事」

都沒做。譬如經濟的勃興，城市的建設，國力的崛起，西方從此不敢再歧視和輕視中國。這些，幾乎都是在這十幾二十年間完成的，歷史上甚少先例。

我們評斷大陸，最重要的還是看中共的專權統治有沒有改革的希望。從某些跡象看，並非全無可能。像大陸領導人的任期制、對貪汙的追究、言論自由尺度較前放寬，以及對民怨的逐漸在意等等，都是好現象。

國務院總理溫家寶，近來在國內外都坦言中共應進行政治改革，否則經濟改革的成果就無法確保。溫的話雖然在政治局內好像未引起反應，但若說他的意見毫無官方代表性恐亦非實情。

大陸的經濟規模已居世界第二，它不僅是「世界工廠」，也是「世界市場」。大陸若無安定的環境，經濟成長遲滯，甚至產生危機，則全世界受害，而台灣首當其衝。想想看，沒有陸客，沒有大陸採購團，ＥＣＦＡ形同虛設，台商困死大陸，那時台灣的處境會是個什麼樣子？

再說，一個動亂的國家，必然是對內鎮壓，對外冒險。你我若是大陸領導人，要冒險，誰是第一個目標？

為了中華民族的前途，我們願本著耐心，關注中共在大陸推動「漸進的民主」。但雖「漸」，仍要「進」。也就是如鄭永年所說，建設好現代政治制度，引進票決民主，臻國家於長治久安之境。大陸當局如果利用海內外中國人「投鼠忌器」的心理，以「和諧」、「穩定」為藉口，長期不還政於民，則袁紅冰教授的預測，恐怕遲早都要發生。

（二〇一一年六月二十三日《聯合報》）

2 還是偉大的毛主席有遠見

他在六十六年前就說中國必須實行民主了。

最近《聯合報》上有兩則有關大陸「民主」問題的新聞，頗值得注意。

其一，總理溫家寶發表論著，高調呼籲政治改革，重提「黨政分開」的設想，強調要改變「以黨代政」，打破權力絕對化和過分集中等現象。

另一，台商鄧文聰出版新書《和解》，倡議大陸選定海西平潭島，籌設「民主實驗區」，以台灣過去的經驗，加速民主化進程。

前者關乎中國生存進步的千秋大業，後者則有助於兩岸和平發展與相互融和，都是了不起的大事。

二〇〇六年，中共中央編譯局副局長俞可平撰文〈民主是個好東西〉，在黨校《學習時報》上發表。他開宗明義的說：「民主是個好東西，不是對個別人而言的，也不是對一些官員而言的，是對廣大人民群眾而言的。」文章更不保留的指出：「坦率的說，對於那些以自我為重的官員而言，民主不但不是一個好東西，而是一個麻煩東西，甚至是一個壞東西。」

在長期一黨主政的大陸，俞可平的言論直如石破天驚，大家驚喜、錯愕之餘，不免猜測背後的來由。

由於俞文不是由主流媒體如《人民日報》或「新華社」發表，顯見它不具「攻堅」之力。但編譯局直屬黨中央，有智囊的作用，所以文章必然得自「聖諭」。一般相信，胡錦濤的政改受阻，希望由此傳送消息，得到呼應。

這一年來，溫家寶在國內國外，包括在聯合國，都曾發言談大陸政改。他甚至說，政改如不推動，經改就難保證。但這些話在國內似乎未發生太多作用，可見保守勢力之強與阻力之大。正如俞可平所言，「對於那些以自我為重的官員而言，民主甚至是一個壞東西。」

民主不是萬靈丹，但要使國家建設好、人民有尊嚴，目前還找不出更好的方法。而且北京也亟盼台灣能早日和大陸「同屬一個中國」，除了大陸提升自由和人權的水準之外，似只有選擇戰爭一途。所以大陸的政改，是十三億加兩千三百萬人禍福之所繫。

事實上，中共談政治民主化，非自今日始，早在六十六年前毛澤東就有極深刻的探討。

一九四五年七月一日，國民參政員左舜生、傅斯年、黃炎培、章伯鈞、冷遹、褚輔成等六人訪延安，毛澤東請黃炎培到他窯洞住處單獨談話。內容極重要，也極有意味，被後人仿「隆中對」而稱為「窯洞對」。雖已廣為人知，仍要引述一次。

黃炎培說：「我生六十多年，耳聞的不說，親眼所見到的，真所謂『其興也勃焉，其亡也忽焉』。一人，一家，一團體，一地方，乃至一國，不少單位都沒有跳出這週期率的支配力。大凡初時聚精會神，沒有一事不用心，沒有一人不賣力，也許那時艱難困苦，只有從萬死中覓取一生。既而環境漸漸轉好了，精神也就漸漸放下了。有的因為歷時長久，自然的惰性發作，由少數演為多數，到風氣養生，雖有大力，無法扭轉，並且無法補救……一部歷史，『政怠宦成』的也有，『人亡政息』的也有，『求榮取辱』的也有，總之沒有能跳出這週期率。中共諸君從過去到現在，我略略了解的了，就是希望找出一條新路，來跳出這週期率的支配。」

毛澤東嚴肅地回答：「我們已經找到新路，我們能跳出這週期率。這條新路，就是民主。只有讓人民來監督政府，政府才不敢鬆懈；只有人人起來負責，才不會『人亡政息』。」

六十六年過去了，週期到了沒有？跳出了沒有？後人都在檢驗。毛澤東在大陸被極端人身崇拜，頭上有一大堆「英明」、「偉大」的光環。我認為他此生最「英明」、「偉大」的一件事，就是「窯洞對」那段話。但，是誰、是什麼原因使「窯洞對」成為空話？大陸領導人必須有勇氣找出真相，破解魔咒，否則「窯洞對」終將成為笑話，而中國也將繼續在笑話中迷失。

（二〇一一年十月十三日《聯合報》）

3 台灣不可獨立，大陸不可獨裁

台灣如果獨立，大陸一定會以武力逼它回去；大陸如果獨裁，台灣一定不會自願回去。兩「獨」如有其一，統一就是悲劇。

香港「回歸祖國」，開始倒數計時，離「九七」不到一年了。百年國恥得雪，重見漢家旌旗，港人應該是「快樂得不得了」才對。但是在大批移民潮之後，留下來的人對「馬照跑，舞照跳」的承諾不免疑信參半。實際上不是「參半」，而是疑的多，信的少，總是「七三開」或「六四開」吧！悲觀的人更認為，別說「五十年不變」了，恐怕五年都撐不到。

香港畫入中共版圖，中共想怎麼揑就怎麼揑，之所以還「一國兩制」者，多少也是為台灣設計，做給台灣居民看的。可是台灣的人怎麼看香港前途呢？總的來說，相當悲觀。

《聯合報》民意調查中心對台灣民眾看香港做了一次民意調查，六月三十日公布調查結果：

——有六三％人認為，中共接收香港之後，香港不可能再維持自由生活的型態，一四％的人認為仍可維持。

——有六一％民眾認為香港政府的行政效率將會降低、政府清廉無法維繫，只有一〇％的人認為行政效率可以維持現狀，八％認為仍可維持清廉。

——認為香港的經濟繁榮可以持續下去的人稍多，但也只有二二％；相對的，有五二％的人認為九七之後香港的繁華將會走下坡。

統一靠雙方

為什麼香港和台灣居民都對中共沒有信心呢？因為它是一個獨裁的政府，沒有打算實行民主政治；它連大陸的老百姓都不給他們自由，怎麼會把自由給「順民」港人和「叛徒」台人？

大陸憲法就明白規定要堅持「無產階級專政」。誰代表無產階級？當然是共產黨囉！所以共產黨專政是有「法理依據」的，怎麼會讓別人染指？

所以大陸沒有政黨。

沒有民營報紙；當然也沒有言論自由。

人民幾乎不能自由擇業。也無居住遷徙之自由。

司法不能獨立，人權毫無保障。

八九年筆者訪問北京，陰差陽錯和一些官方研究人員座談統一問題，其中有人對台灣遲不「回歸」厲聲指責：「台灣有錢了，尾巴都翹起來了！」我回答說：「台灣也窮過，中國人能過苦日子。在台同胞目前之所以不願談統一，是害怕大陸的政治制度，不是大陸的窮。以我個人來說，一介記者，在台灣，只要不誹謗，愛怎麼寫就怎寫，愛批評誰就批評誰；護照一拿，愛去哪裡就去哪裡；這在大陸能行嗎？」我更不客氣地反擊：「諸位知識界人士，如果真對中國的統一那麼關心，就請利用你們的影響力，先改變大陸的政治制度再說。」

「台灣不願統一，只是因為有錢。」這是大陸官方普遍的誤解，台灣居民也很少據理聲明，告訴他們我們內心的感受。尤其是我們的政府，和大陸只是在枝枝節節的「事務性」問題上打轉，不敢或不願直逼核心問題。

台灣鬧獨立，中共罵也罵了，打也打了，話都說清楚了；可是中共搞獨裁，台灣也應該站出來，正大光明地告訴他們，請他們改，也把話說得清清楚楚。

碰到這個問題，中共的標準答案是中國太大，人口又多，政治改革要謹慎，不能未改先亂。這種說法有幾分藉口，也有幾分事實，的確不能操之過急，那麼我們就請中共自訂一份時間表，在公元某某年做到兩件事——人民可自由辦報、自由組黨。兩件事做到了，台灣就願談統一；在未做到之前，大家各自努力於建設，並做善意的等待，不必再在國防和外交上浪費人民的血汗錢。

台灣如走向獨立，中共一定會打的，這一點在台同胞應該認識清楚；中共如繼續獨裁，台灣是一定不願回去的，這一點大陸當局也應該認識清楚。若有一方認識不清，而魯莽滅裂地硬來，中國統一就是悲劇。

（一九九六年八月號《遠見雜誌》第一二二期）

4 大陸現代化是統一條件

請大家注意對岸兩位知識份子對統一的論述。

根據歷次民意調查，生活在台灣的中國人，絕大部分希望與大陸維持現狀，共謀繁榮發展，待將來條件成熟時，再談統一。

那麼，「條件」是指什麼呢？是指大陸完成現代化——不僅是經濟的現代化，更重要的是政治的現代化。後者關乎國民的生活方式——有沒有言論出版的自由，可不可以自由擇業，在居住、遷徙和出國旅遊各方面是否有任何不方便，諸如此類，才最為台灣同胞所關心。

我們這些最在意的事，對岸很多有識之士，現在也看清楚了，也提出了討論，而且說得相當透澈。上海東亞研究所所長章念馳，在二〇〇〇年十二月號《中國評論》雜誌上，發表了一篇文章，題為〈中國現代化艱鉅而複雜的整合過程——論國家的最終統一〉，他說：

> 「就統一論統一，就兩岸問題論兩岸問題，恐怕絞盡腦汁也難有良方。因為統一不是一個單純的問題，而是中國現代化的一個組成部分。」
>
> 「整個中國現代化內外整合，需要分階段進行……。統一不是孤立問題，在我們內外條件還不十分具備的情況下，如何統一、何時統一，應當服從現代化大局。」
>
> 「只有台灣多數民眾擁護統一，少數推行台獨的政客才不會再有選票。」

從章氏此文中可以清楚體會到，他的「現代化」意念中，當然是包括政治現代化的。政治要民主，首應「公正合理」地對待自己的同胞。來自大陸、刻在香港任教的丁學良教授，二〇〇一年元月四日在台北《聯合報》發表了一篇題為〈新世紀國際公正和國內公正〉的文章，綜合江澤民和李鵬的對外談話，這些中國領導人批評國際霸權，要求重建國際新秩序——多樣化、寬容、自主選擇、平等參與。丁氏指出，這些要求，和大陸自由派知識份子、獨立工會的嘗試者和人權份子的言論，有「驚人的相似」。他說，「北京要想在新世紀裡不遭到許多圍堵，就必須明顯改善自己的政治行為方式。」

丁教授把他的這項觀點牽引到台灣問題上，做了結論：「在台灣問題上，這個道理尤其顯著。二十一世紀是不是『中國人世紀』，很大程度要看台灣問題處理得如何。處理得好，中華民族當然復興，別人想擋也擋不住。處理壞了，中華民族又將經歷一次浩劫。北京不斷抨擊美國日本插手台灣問題，它們的手插得很深，是因為你自身的裂痕太大。要避免兩岸互動以悲劇收場，就必須在公正合理的前提下，創造性地推出化解百年分治產生的諸多難題的新政策。」

筆者在一九九六年七月號《遠見》上發表一篇小文，題曰〈台灣不可獨立，大陸不可獨裁〉，對兩岸當局提出期許。兩岸領導人的想法和做法，實關係全體中國人的前途幸福。

（二〇〇一年二月號《遠見雜誌》第一七六期）

5 收復台灣島，活捉林志玲

大陸民眾熱情「參與」台灣總統大選的觀察。

這次總統選舉，因為競爭激烈，不僅沸騰了台灣，而大陸民眾的熱情「參與」，尤覺意義深長。

大選辯論開始，大陸學界、新聞界和海外民運人士，都組織「觀選團」來台灣考察。大陸網路媒體更製作專題報導和訪談節目，邀請閱聽人共同討論。開票當天，大陸四大入口網站「新浪」、「搜狐」、「網易」和「騰訊」並破天荒的全程同步轉播，數百千萬網民對這項「民主初體驗」受到極大震撼。他們最直接和普遍的反應是：希望大陸有一天也能直選國家領導人。

綜合網路上的評論和留言，有下面這些觀點：

——台灣大選在微博時代向大陸十三億人民直播民主選舉的全過程，使大陸「八〇後」、「九〇後」世代的人看到民主選舉的盛況，這種榜樣的力量必將影響他們一生。

——這是一場自由競爭而又扣人心弦的選舉，不管誰當選，輸的只是某一人某一黨，而贏的則是台灣全體民眾。

——看了激動得想哭，真是百聞不如一見，這是華人的光榮。

——看到台灣民眾辛苦趕回去投他們的那一票，那是對民主選舉的鄭重和珍惜，他們值得擁有那張選票。

——台灣大選告訴我們，有真正的選票，才有被真正尊重的機會：我們雖然沒有投票權，但有了參與感。

——台灣是華人社會的希望，證明民主是可行的，它也正潛移默化的改變了大陸。

有網民說，台灣的民主還不夠成熟，但立即遭到反駁：難道獨裁專制比它好？

台灣民主還有缺陷，這是事實。北京大學教授夏業良在大陸以開明敢言著稱，他曾發表公開信，譴責主管意識型態的中宣部箝制人民思想，阻礙學術自由，讓中國蒙受恥辱。他更接受香港媒體採訪，痛斥中共安全系統的管制，尤過於希特勒。這次台灣大選投票前夕，他在台灣大學發表演說時表示，「台灣的民主如能再提升，對大陸的示範作用就會更強」。這是「君子愛人以德」的話，值得我們反思。

做為客人，夏教授並未明言何處可再「提升」，但我們自己了解，至少有兩點應該檢討：第一，負面選舉。政治人物只批評、指責甚至誣詬對方的缺點，而提不出自己的政見以供民眾思考選擇。第二，族群操弄。不以國家利益、社會前景和大多數人的期望為訴求，反而動員族群，操弄意識型態，以謀一人一黨之私。

不過這些現象，此次大選已有很多改進。以族群問題來說，過往的選戰，計程車司機常因乘客談選舉而不愜己意，中途令乘客下車，甚至追罵的事。這回選舉，選民冷靜理性多了，甚少見因「激情」而家庭不和、朋友反目的事了。

大陸人民嚮往民主，做為過來人，我們深能理解。其實台灣的民主也非一蹴而就，我們跌跌爬爬也走了幾十年。只要大陸朝野心存民主，任何時間動心起念，均不嫌晚。

台灣這次大選，大陸網民在網上的評論和留言「美不勝收」。其中一人寫道：「收復台灣島，活捉林志玲」。看得出他的情不自禁。蓋台灣民主的內涵和「志玲妹妹」的丰采，都如此光華奪目，「銅雀春深鎖二喬」，他的戲言，正是大陸千萬人對台灣嚮往的表徵。

我們生活在台灣的人何其有幸，既有民主，又有志玲。我們要自愛自重，把民主修練得更精緻，更強固，而且不吝於推己及人，銘記對岸人民的話——台灣正潛移默化的改變大陸。

（二〇一二年二月二日《聯合報》）

6 贊成以公投決定台灣統獨

國家有了目標，社會才會安定，人民才知道努力的方向。

中共國台辦發言人張銘清不久前措辭嚴厲的說，台灣近來在護照上加註「台灣」、更換新聞局局徽等做法，是採行「漸進式台獨」；如果台灣當局誤判形勢，繼續推動，「只會加騦兩岸關係緊張，必將自食惡果」。

張銘清的說法，是不是對台灣的抹黑與栽贓呢？那也未必。就以護照加註「台灣」來說，如果真的只是為了「便於區別」的技術性目的，由外交部宣布就行了，何勞陳水扁總統躬親在 FAPA 二十週年慶祝會上鄭重宣示，且明言是「送給 FAPA 的生日禮物」？

FAPA是「台灣人事務會」的英文縮寫，盡人皆知它是一個台獨團體。陳總統選擇了這樣的場合，以這樣的語言，做出這樣的動作，有十足的政治象徵和政治意涵，大陸若有政治聯想，那是一點也不足為奇的，而且也不出於我政府和領導人的意料之外。

其實，台灣有些人、有些團體組織長期致力台灣獨立運動，是早已存在的事實，不必再加隱諱。既然要推動台獨，大家就應坐下來，心平氣和地、嚴肅認真地談談這件事。

台灣要獨立，至少要具備下列三方面條件：第一是台灣方面：要台灣的老百姓同意這樣做；第二是大陸方面：大陸的政府和人民要不反對、不阻撓；第三是國際方面：要有夠多和夠分量國家的支持和承認。這些條件，缺一不可。

台灣圖謀獨立，大陸有何對策，國際有何態度，都不是我們所能左右的；但是我們自己怎麼做，卻完全操諸在我。台灣這些年來，雖然有人主張獨立，但也有人反對獨立。這裡要特別提醒的是，反對台灣獨立的人，未必就贊成與大陸統一。他們不願過共產黨統治下的生活，但也覺得獨立太危險，會玉石俱焚。

贊成和反對台獨的人都有，政客們利用這些不同的主張，煽風點火，分化挑撥，從中攫取政治利益，遂使台灣朝野對抗，族群不和，整個社會擾攘不安。大家把太多的時間和精神花費在統獨爭議上，也為此消耗了太多的社會成本，把很多應該做的事都停下來了。今天，台灣的經濟如此疲弱不振，固然有國際因素的影響，但主要原因還是內部不能團結，意識型態左右了國家的發展。

要終止這樣的爭論和爭鬥，首先要了解全民的願望：大家要統一，還是要獨立？如果要統一，怎麼統？何時統？如果要獨立，怎麼獨？若是必須以戰爭為手段來爭取，大家願不願意？

探詢全民的意見，最可靠的辦法當然是公民投票。立法院不妨想想這件事，制定公投法，辦理公民投票。台灣的目標決定了，大家才能有一致的努力方向。以目前這樣的虛耗光陰和浪費資源，台灣恐怕承受不起！

前總統李登輝三月十五日參加「世界台灣人大會」，倡議以「公民投票」或重新制憲的方式，更改國號，由「中華民國」改為「台灣國」。

李登輝對這個議題的興趣，像瘧疾症一樣，定期發作，並無新意。《聯合報》當天做了民意調查，二三%的民眾支持李登輝的主張，四九%反對，二七%的人無意見。

另外，有六二%的受訪者，認為李登輝應該徹底退休，別再過問政治了。

不過，主張「台灣國」者，非僅李登輝一人，在檯面人物中，「獨派人士」所在多有。譬如：陳水扁總統到榮總探望前第一夫人曾文惠的病，和李登輝就國政事務交換了意見。過兩天，李登輝就提出了「台灣國」。親民黨主席宋楚瑜因而質問，這是不是和陳總統商量好了的？雖然陳水扁駁斥這是宋的「妄想症」，但是衡諸阿扁在兩岸事務上一向的主張和態度，再看看民進黨黨綱的規定，就不能不承認宋楚瑜是「合理的懷疑」。

台灣「獨立建國」，可分兩個層面來說，一是「應不應」？一是「能不能」？獨派人士所持應該獨立的理由，如台灣人不是中國人，台灣本來不是中國的領土，二次大戰後台灣的地位未定等等。這些論點，當然也有人反駁。倒是能不能獨立，這就牽涉到國際和兩岸的現實，比空言幻想重要得多了。

中華民國在國際上還有一些邦交國。外交承認是零和遊戲，承認中華民國者，應也承認「中國大陸是中華民國的一部分」。若台灣獨立了，換了國號，那些國家是否會承認「台灣國」，恐怕難講。承認大陸者，則承認「台灣是中華人民共和國的一部分」，強國如美利堅，亦復如此，只是要求「台灣問題應和平解決」，如是而已。若中華民國換了「台灣國」的招牌，像美國等這些國家，是否還能在道義上維護台灣，問題並不簡單。

對於中國大陸，「中華民國」這個名號，既「中」且「國」，雖然在實質上是獨立了，至少在法理上還是「中國」，從中共立場來看，雖不滿意，尚可接受。如果「中華民國」消失，由「台灣國」取而代之，大陸退無可退，那恐怕就只有打仗了。陸委會主委蔡英文在立法院說，若是經過「公民投票」改名「台灣國」，大陸「應該尊重」。蔡英文這麼說，若不是太天真，就是太隨便。三歲孩子都知道，台灣不管以任何方式更名建國，大陸都不會「尊重」，十有八九會走上戰爭。

以戰爭爭取獨立，台灣民眾願不願意呢？雖然民調顯示大家希望維持現狀，但是獨派人士是不會相信的，因此，「公民投票」不失為檢驗民意的最後方式。不過我們幾乎可以預見，即使公民投票否決了獨立，獨派人士也不會死心，仍會以各種方式糾纏不休。多數人的命運成為少數人的人質，前途禍福未卜，實在可悲。

（二〇〇三年四月號《遠見雜誌》第二〇二期）

7 有名無實的一中，可換取無名有實的獨立

有名有實獨立，必造成有名有實一中。

大陸要訂《統一法》了，台灣的領導人還不向百姓說實話嗎？這則標題也就是這篇小文的主旨，讀起來有些繞口令的味道，其實意思很簡單，一說就明白。

生活在台灣的民眾，究竟有多少人贊成獨立？還沒有確實的調查統計。即使那些憂慮獨立會帶來災難的人，也未必願意現在就與大陸統一，因為兩地生活方式實在相差太遠。

大陸當局明白這一點，知道一時勉強不來。同時，他們也了解自己要做的事太多，追求十三億人的溫飽，進而追求小康，再追求現代化，這些已經夠他們忙的了，沒有餘力再處理「台灣問題」。再說，真要拿到台灣，可能是一個燙手的山芋，香港就是個例子，所以中共半推半就的使兩岸關係模糊化，讓事情拖下去，這才有鄧小平等人的說法：等五十年、一百年也不嫌晚。

怎麼拖呢？就是盡可能慢一點攤牌，以等待時機的成熟。中共的對台政策，從「台灣是中國的一部分」，到「一國兩制」，到九二共識的「一中各表」，再到「台灣和大陸同屬於中國的一部分」——你泥中有我，我泥中有你，我不比你大，你也不比我優越。當然，中共可能是口蜜腹劍。但是，除了它讓台灣獨立，大概也只能言盡於此了。

眾所周知，它不會讓台灣獨立的。首先是民族情感，撇開官方不說，大陸人民會同意嗎？其次是政治責任，哪一個中共領導人敢同意或默許台灣獨立？因此雖延遲攤牌，卻留了張底牌：不放棄使用武力。

台灣領導人如果聰明，就該充分利用大陸無力量或無意願現在就處理台灣問題的「弱點」，好好先來壯大自己。台灣甚至不必去「一中各表」，只要不挑戰一中就好。

換言之，不必說自己「是中國」，只要不說「不是中國」，大陸覺得在法理上過得去，就不會緊咬台灣不放。台灣發展經濟，修明政治，宏揚文化，內則可使人民安居樂業，外則可為亞洲進步典範。我們有中華民國的國號，有領土，有主權，本來就是一個獨立的國家，還追求什麼獨立？至於和中國大陸究為何種關係，就讓時間去解決這個難題。

但是兩任總統，李登輝和陳水扁，對國內經濟衰退、政治混亂、治安敗壞等問題束手不管，卻一心一意逼著大陸和台灣提早攤牌。李登輝當年提「特殊的兩國論」，陳水扁則進一步稱為「一邊一國」；今年總統大選期間，陳水扁提「二〇〇六制憲公投」，李登輝則發展為「二〇〇八正名建國」。不管阿扁對制憲公投的事怎麼解釋，他要把台灣領向獨立的道路，已昭然若揭，而且時間表也出來了，二〇〇六年制憲，二〇〇八年建國。

如果在台灣的人能看出阿扁的意圖，大陸當局自然也看得出來。他們終於有了回應：北京政府總理溫家寶訪問英國，在會見旅英華僑時透露，大陸會「認真考慮」制訂《統一法》。溫家寶雖然沒有說得十分肯定，也沒有對法的內容多做解釋，但中共若真的制訂《統一法》，其意義自然甚為明顯：

一、《統一法》是「二〇〇六制憲公投」和「二〇〇八正名建國」促成的。

二、中共處理「台灣問題」，過去僅止於言辭上的宣示，立法後自當「依法落實」。

三、兩岸間過去有模糊地帶，可以各自表述，以為緩衝，立法後雙方都面臨「圖窮匕見」的局面。

四、既然訂了《統一法》，勢必在法裡規定明確的或概括的「完成統一」的時間，大陸已不能再延遲攤牌。

五、中共依法執行國家統一，外國再想幫助台灣，自然多一層困難。

大陸要統一台灣，不論是使用武力還是其他手段，台灣大概都承受不了。美日兩國會為台灣送子弟來面對炮火？恐怕未必。如此，則結論就是：台灣一旦制憲，一旦建國，大陸就用「一中政策」來完成統一了。所以我認為，台灣朝野應該理解：

有名無實的一中，可換取無名有實的獨立；有名有實的獨立，必造成有名有實的一中。

陳水扁總統「制憲公投」的主張，「黑五類」的人自知出身成分不好，即使有不同的意見也不敢說。民進黨大老吳乃仁日前忽公開表示，陳總統應該「與民生養」，在社會沒有共識前，不要推動制憲。民進黨另一大老沈富雄欣慰自己終於在黨內找到一位「同志」。他還說，吳乃仁因為沒有選舉壓力，所以敢站出來講心裡的話，民進黨內有很多人都同意吳乃仁的意見，只是立委選舉在即，怎敢亂講話？

這樣說來，民進黨內「愛台灣」的人還真不少，社會上這樣的人自然更多。眼看阿扁的「制憲公投」極可能引來對岸的《國家統一法》，即使不立法也必將另有其他強烈反應，那麼台灣未來的安全如何？怎樣面對大陸的壓力或武力？我們有多少勝算？百姓要有多少犧牲？對這麼重要的國脈民命的大事，陳總統不應該給人民一些具體的、負責任的說明嗎？

（二〇〇四年五月十三日《聯合報》）

8 英語不讀就通順，台灣不戰能獨立

羅素著眼於長期和有效的反共，曾說「赤化勝於死亡」。台灣跟著陳水扁這樣走下去，可能會赤化與死亡兩者得兼……

「英語不讀就通順，台灣不戰能獨立」，這兩句話並非風馬牛，可以有對照的關係。

台灣學英語的熱潮數十年不退，各種鼓勵和協助學英語的書籍成群結隊而來，坊間就有《英語三月通》、《英語一月通》的書。後來大概嫌「三月」、「一月」太慢了，乃出現《英語一周通》、《英語三日通》之類的教本。

一輩子自學英語成為翻譯家、當時在香港大學教授高級翻譯課程的思果先生，見獵心喜，在報上撰文說，既然大家都想速成，不願費勁，他就來寫一本《英語不讀通》——不讀就通，夠快了吧？不讀就通了，這本書誰還買？思果先生大概後來想「通」了，沒有寫。

從這件事「觸類旁通」到推動台灣獨立建國的人士。他們不斷喊口號，不斷向對岸挑戰，不斷向國際嗆聲，在湧如噴泉的語言中，卻從來沒有半句話告訴當事人，也就是生活在台灣的兩千三百萬人，獨立要不要打仗？

他們不說，我們可不能不問；《英語不讀通》固然誘人，但很難教人相信。

清末戊戌維新失敗，六君子的「首席」譚嗣同，本可像康、梁一樣走避國外，但他選擇留在家裡，坐以待捕。他說：「我國兩百年來，未有為民變法流血者，流血請自嗣同始。」

他的血沒有白流，改革不成就革命，後來有「黃花崗七十二烈士」等等千萬青年，前仆後繼，推翻大清帝國，建立了中華民國。

這種革命只是改變了國家的體制，並未脫離這個國家。法國也曾革命，俄國也曾革命，都是改變政體，而未脫離母體。即使是這樣，也是許許多多人的生命換來的。

革命而又脫離母體獨立的例子，當然首推美國。美國獨立戰爭從一七七五年開始，到一七八三年巴黎和約結束，前後八年，傷亡之重，具載史冊，無待詳述。台灣如果獨立，中共一定動武，而台灣的力量不足以對抗大陸，這都是人所共知的事實。但獨派人士不知信心何來，正加緊腳步推動獨立建國。

陳水扁總統「終止」國統會和《國統綱領》後，《中國時報》自台北報導說：「又過一巧門，扁還有『下一步』」；自華府報導說：「『終統』之事美、台雖達成妥協，但「陳水扁一心一意要搞台獨的問題並沒有解決，以後阿扁在他宣布的『制訂新憲』和『加入聯合國』的議題上，風波會再起」。《聯合報》發自北京的電訊：「北京已提升『台海危機』預警層次，緊盯台灣下一步動作，同時做好『應有的準備』」。看樣子，戰爭似乎正一步步走來。

如果台灣目前真有急統或急獨的迫切性，不惜一戰或尚有可說，但眼下有這種必要嗎？要是打起來，美、日真會援助我們嗎？「政黨輪替」這些年，台灣不斷向下沉淪，民眾最盼望的，是執政者能安定政局，戮力建設，減少苦難者、失業者舉家燒炭自殺的頻率，而不是憑空拿台灣的安全去冒險。我們固不願過共產制度下的生活，而大陸也並非急於要統一台灣。他們有很多事情要做，只要台灣不明言獨立，彼此和平共存，各求進步發展，等待將來時機成熟了再來解決這個難題。這個樣子的維持現狀，不知對台灣有什麼不好？

國防部官員曾在立法院公開說明，中共攻台的第一波戰爭，我軍傷亡人數預估為十二萬八千人。這些人，必然是你家的和我家的青年。前民進黨主席施明德曾說，那些台獨基本教義派對大陸的立場雖很強悍，他們的子弟可沒有一個讀軍校的。

英儒羅素雖然反共，但他曾說：「赤化勝於死亡。」因為活著才能繼續反共，打敗它，或影響它使它質變。台灣跟著民進黨和陳水扁這樣走下去，赤化和死亡可能兩者得兼。

英語不讀通？別做夢了！

（二〇〇六年三月二日《聯合報》）

9 誰家的孩子在攻台第一波傷亡名單上？

戰耗動員十二萬八千人，我們願意付這樣的代價嗎？

政客把台灣一步步推向戰爭，卻從來不將實情告訴百姓。為了測試民意，要不要來一次「戰爭公投」？

「台灣獨立，中共一定動武。」若開戰，「國防部戰耗動員為十二萬八千人。」所謂「戰耗動員」，就是我軍第一波傷亡人數。

好可怕的數字！這一定是哪個「不愛台灣」的「統派」，說來「嚇唬台灣老百姓」的吧？不是。這是國防部副部長陳肇敏二〇〇三年十一月三日在立法院答覆立委盧秀燕質詢時，公開說的。

盧秀燕問：陳水扁總統規劃二〇〇六年制定新憲，二〇〇八年建立新國家，因此〇六到〇八年之間，兩岸是否會打仗？

陳肇敏肯定的答覆：台灣如果獨立，中共一定動武！

民進黨籍立委陳其邁反問：「制憲不涉及國號，在『四不一沒有』範圍內，何來戰爭？」制憲是否涉及更改國號，李登輝在總統任內說了一百多次不搞獨立，卸職後就現出原形。陳水扁一邊喊台灣獨立萬歲，一邊喊中華民國萬歲，信用早已破毀，如果自己人都不相信他，對岸怎麼能相信？

不僅是國防部研判中共「一定動武」，民間也有此憂慮。一位深研兩岸關係的學者日前私下表示，當到達某一時間點，若中共發覺再不統一台灣以後即無機會，那時它就會動手。中共領導人最近訪問澳洲時曾發出警告，若台海兩岸有戰事，澳洲不可以站在美國那一邊。美方不久前也有人說，中共如攻台，台灣必須能守得住一段時間，以待美國援軍到達。凡此種種，都話出有因。但這位學者不敢公開說，因為「紅帽子」太重了，他戴不起。

按理說，知識份子是應該有勇氣「向有權人說實話」的，但台灣的政治卻能使社會喪失預警功能，其結果就是要國防部「戰耗動員十二萬八千人」。

這個數字是怎麼估算出來的？相關官員說「這是機密」。立法委員、空軍前聯隊長高仲源指出：中共攻台戰略一定是「始戰即終戰」，不會拖泥帶水，哪有可能等你完成後備動員補充兵力？所以，損傷一定超過國防部「戰耗動員」的十二萬八千人。

天下沒有白吃的午餐，美國當年獨立也和英國打了一仗。但今天台灣不願接受中共統治，想維持自己的主權和生活方式，是否一定要獨立？一定要以戰爭方式來爭取？除了武力之外其他途徑是否都努力過了？更重要的是，打「制憲建國」這一仗要死多少人，是否一定會贏？要是敗了怎麼辦？這些，主政者都應該跟老百姓說清楚。

過去十多年來，政客們為了擴張和鞏固自己的權力，不斷挑弄、激化兩岸關係，以從中取利，卻還厚顏說是為了台灣人民的前途。中共若貿然動武固應譴責，但政客騙台灣人民上戰場更是其心可誅。

舍下已無服役青年，不會有人列名十二萬八千的「戰耗動員」名單。府上可能也沒有。但我眼前不禁浮現一個畫面：

一九八九年「六四」之前，北京萬千學生聚集天安門廣場靜坐爭取自由。一位中年太太每天去為他們打掃清潔。電視記者問她：「妳的孩子也在裡面嗎？」這位太太傷感的說：「為什麼一定要是我的孩子呢？廣場上每一位青年，哪一個不是人家的孩子？」

唉！十二萬八千人的「戰耗動員」名單上，「哪一個不是人家的孩子？」現在政客正醉心玩弄公投，我們要不要辦一次「戰爭公投」，看有多少人願意打本來可以不打的仗？

（二〇〇三年十一月十三日《聯合報》）

10 不嗜殺人者能一之

大陸貿然動武，台灣輕率挑釁，都是不智。

江澤民若貿然揮軍攻台，是殺人；陳水扁若無端挑起戰爭，也是殺人。殺人是不可以的，不管是兩人中的哪一個。

《孟子》這本書，用很大篇幅記載孟子見梁惠王的過程。孟軻先生談仁論義，透澈淋漓，國人多能琅琅上口。其實，孟子和梁惠王的兒子梁襄王的談話內容，也非常精闢。

孟子好像不怎麼欣賞梁襄王，他的「望之不似人君」的評語，頗為鮮活傳神，千載以下還常被後人沿用。梁襄王請教孟子：天下怎樣才能平定？戰國之時，群雄並起，征伐無寧日，所以孟子回答：天下統一之後就能平定了。

再問：「孰能一之？」

對曰：「不嗜殺人者能一之。」

孟子的這個論點，表面上看似與事實不符，因為使他國屈服多賴武力，秦統一六國靠的就是堅甲利兵。但是，秦朝撐了多久？普天之下，古往今來，一直數到近世的德國和日本，任何國家，一用到殺人的手段，就失去道德的正當性，國家就很危險。想想中國大陸，「六四」天安門的坦克車，中共背得多麼沉重。孟子老早就看到了這一點，故力倡「人本主義」，撇開政府和領導人，而把人民看成國家真正的主體，執政者不可違逆人民的願望和人民的利益。所以他強調：「得其民，斯得天下矣！得其民有道：得其心，斯得民矣！」

聖人的話未必句句都是金科玉律，但也絕非都迂腐過時。中華民國兩千年總統大選之後，再來思索、咀嚼孟子的這些話，尤覺有深意存焉。

陳水扁只得到接近四〇%的選票，多於六〇%的選民沒有選他。為什麼？怕他台獨的立場帶來戰爭。投票之後的第一個交易日，股市下跌二二七點，美元被買走十四億五千萬元。為什麼？也是恐懼對岸有什麼「懲獨」動作。所幸陳水扁選前一再闡述不會獨立建國，選後民進黨人即倡議修改台獨綱領，短期來看局面也許不會惡化；但兩岸之間難題甚多，未來如何發展，總是使人擔心。

大陸指責台灣有人搞獨立。但這只是現象，台灣居民不願「回歸」的真正原因，是生活方式問題。大陸是一專政體制，政治無自由，人權無保障，不要說本省籍同胞不願雙方即時合併，就是當年渡海來台的其他各省同胞，又有幾人贊成立即統一？大陸的「一國兩制」對台灣不會有號召力和說服力，因為繳械之人得不到任何保障。再說，中共政府統治全中國十二億人，為什麼極少數的港澳台居民要獨享優惠，其他人都要做二等國民？

中共若真的想做一個對全體國民負責的政府，就應努力民主化，並具體訂出時程，何日開放黨禁，何日開放報禁，何日票選國家領導人；等這些都做到了，人民有自由，國家有尊嚴，則近悅遠來，何患不能統一？中共當然也可用武力「解決台灣問題」，但想想那後果。殺人不能「解決」問題，只會「增加」問題。

既然大陸不能動武，那麼台灣就可有恃無恐，不妨戲弄對方，刺激對方，說一些輕佻的話，做一些無補大局的事，來逞一時之快？過去十幾年就是這樣，領導人從未明示國人國家要準備打仗，卻悄悄地把台灣帶到了戰爭邊緣。

這十多年來，台灣居民只注意、要求和譴責彼岸當局不可動武，但卻縱容甚至鼓勵了此岸當局的挑釁行為。今後，大家也許要弄清楚，對生活在台灣的人民來說，江澤民貿然揮軍攻台，是殺人；陳水扁無端挑起戰爭，也是殺人。殺人是不容許的，不管是江澤民還是陳水扁！堅守這樣的態度，也許能避開戰禍。

（二〇〇三年三月二十六日《聯合報》）

11 自己名字還叫張三，怎能要人稱你李四？

玫瑰不管叫什麼名字，都不減損它的芳香。台灣如果有實力，不管叫什麼名字，都能在世界上立足；沒有實力，又不斷自我削弱，就只好自己承擔最後的悲情。

二〇〇二年五月十一日，群眾在台北市和高雄市舉行「台灣正名大遊行」，提出七項要求，對內和對外都有。其中最重要的一項是：「要求全世界各國政府與人民稱呼我們為台灣人、台灣國」。

要人家稱我們為「台灣人」，大概沒有問題，因為國際上也常用「加州人」「蘇格蘭人」或「北海道人」這些字眼。至於稱「台灣國」，恐怕就有困難。最大的「障礙」是：我們還沒有稱自己為「台灣國」。自己的名字還是張三，卻要別人稱我們為李四，那不是有點好笑嗎？而且，這種不合理的要求，人家會搭理我們嗎？

所以，正名要先求諸己，從國內開始努力，拋掉「中華民國」的舊名，改成「台灣國」的新名。但是，「中華民國」是生活在此間兩千三百萬人共有的名字，不是遊行的群眾，或其他某些人說改就可改的，這要多數人同意才行。

怎麼知道多數人同不同意呢？那就要辦公投。可是現在並沒有公投法源，所以必須要先立法。立法要有人提出草案，在立法院經過各種程序，最後完成三讀，送請總統公布，才能生效。上萬名為正名而上街遊行的人，不致力於這些過程，反而一下子就跳到要「全世界各國政府與人民」稱呼我們為「台灣國」，腳步似乎太快了一些，路也走得不對。

而且，根據國際法，一個國家沒有必須承認另外一個國家的義務。我們就是脫名張三成功，改名為李四，人家也不一定要承認我們新的身分。

當然，改名的最大風險還是中共的態度。人盡皆知，台灣一旦獨立，中共就要動武，兩岸兵戎相見，我們要為正名而「戰」了。台灣準備好了嗎？有能力嗎？這一點，是北、高遊行人士所沒有清楚告訴國人同胞的。

當然，從最近的跡象顯示，美國對台灣的支持似乎較過去更為堅定。但這是否包括支持台灣改名獨立？況且即使有美國的支持，同樣擁有核武的大陸會不會孤注一擲？這些，也是遊行人士所沒有清楚告訴國人同胞的。

政黨輪替兩年了，平心而論，國家的建設是一團亂。拚經濟這麼久了，拚出什麼成績來了？經濟是台灣的命脈，尚且如此，其他就更不用說了。我們當前有多少正經活要做，哪裡還容許內鬥內耗，把資源浪擲於某些不急之務？

（二〇〇二年六月號《遠見雜誌》第一九二期）

12 統，不願；獨，不敢；維持現狀，不甘

台灣真正的悲情，不是無力追求目標，而是無目標可以追求。

政治人物常藉回溯台灣的歷史，訴說「台灣的悲哀」、「台灣人的悲情」等等。把這些話剝開來看，「台灣」只是幌子，真實的內容是政客在挑撥人民的感情，以遂其個人和小團體的私心私利。他們這些有口無心的話說多了，就變成毫無意義的口頭禪，很少人再理會。

但不幸的是，台灣真有悲情，不是他們說的那些，而是：國家沒有目標前景，朝野都在渾渾噩噩的過日子。

盱衡國際，面對大陸，台灣只能有三個選擇：統一、獨立、維持現狀。三條路都不好走，所以我們徬徨，苦悶，不知船往哪裡開。

統一，不願：大陸雖然在改革開放後實行市場經濟，但仍含著很多社會主義的成分，雖正在「大國崛起」，社會秩序也不再是那麼嚴峻，但生活方式仍與台灣多所不同，再加上文革、六四等陰影仍籠罩在台灣人民心上，很難讓大家現在願與大陸談統一。

獨立，不敢：自解嚴之後，談台灣獨立不再是禁忌，有些政治人物甚至言必稱台獨。但說歸說，看不到有人真去推動：

——獨立難免要打仗，建立「台獨軍」了嗎？施明德曾說，那些高喊「獨立」者的子弟，沒有一個讀軍校的。

——獨立需要國際環境，深交友邦了嗎？有哪些國家明示或暗示願協助台灣獨立？

——獨立需要領袖，誰是台灣的華盛頓和孫中山。是李登輝嗎？他曾抱怨「我說過一百多次不搞台獨，卻沒人相信」。是陳水扁嗎？他捨得丟下太太和女婿弄來的錢，犧牲卸任總統的優遇，跑去革命？那麼，是連民進黨主席都選不上的辜寬敏嗎？是台灣人出旅費請到台北作秀的「日本人」金美齡嗎？

大家都理解，獨立必為台灣帶來毀滅性的浩劫，沒人敢輕易去做。叫得愈響的政客，愈是色厲內荏，也愈顯其譁眾取利之心。大學政治系一年級的學生都知道，台灣必先獨立，取得國家身分，才能進入聯合國；然出身哈佛法學院的呂秀蓮女士似不明此理，多次帶領群眾到聯合國門口示威抗議，要求「入聯」。

維持現狀，不甘：如果既不願統，又不能獨，剩下的就只能是維持現狀。維持現狀先要做到兩點：其一，接受現實，不盲目爭取現在得不到的東西；其二，努力奮發，壯大自己，創造將來可以爭取更多東西的條件。很遺憾，這兩點，我們似乎都未注意。

大陸新任國台辦主任王毅說，不接受台灣加入世界衛生組織（ＷＨＯ）。有些人對此似乎感受刺激，政客自然又找到「表現」的機會。世衛組織以國家為成員，以台灣目前的身分，中共能同意台灣加入嗎？王毅表示正安排台灣分享世衛相關的資訊，這不無小補。

下月北京奧運，有不少入場限制，台灣民眾不能帶青天白日旗去為選手加油，這當然很使人失望，但國旗是國家的象徵，台灣選手撐奧會會旗參加比賽的「奧會模式」，是當年我們努力爭取來的成果。

碰到這類事，如果你不說大話，不表示抗爭，就會被罵「不愛台灣」，不顧「台灣主體性」，但是不斷抗爭的人也似乎未拿出什麼成績，徒然不斷戕害同胞的士氣。

但我們還是有可以「抗爭」的地方——對自己抗爭：發憤努力，使台灣身強力壯，增加競爭能力，在國際間叫人不敢輕侮，在兩岸關係上，使力量不再大小那麼懸殊，將來我們在談判桌上，才可以大聲說話，維護和爭取台灣的利益。

可是十多年來台灣內耗空轉，國力每下愈況，卻未見有人悔改，仍然不務正業，只管惡鬥。國家方向到底在哪兒？台灣前途究竟會如何？沒人說得清楚，似乎也沒人願說、能說，大家都好像在過一天算一天。

台灣不是無力追求目標，而是無目標可以追求。要說「台灣悲情」，這才是！

（二〇〇八年七月三日《聯合報》）

13 從富足經壯大，是到獨立最短的路

尹仲容、李國鼎和孫運璿都做過經濟部長，宗才怡也做過。執政者若連識人用人的起碼才智與公忠都沒有，能領導台灣獨立建國？

孫運璿先生病逝，舉國哀悼。國人懷念他，不是因為他做過交通部長、經濟部長和行政院長這些大官，而是因為他對國家有大貢獻。他「使台灣走上開發國家之路」。為達成這個目標，他把自己累倒了，始終沒有再站起來。

今天的台灣，似乎找不到一位政府官員，像孫運璿這樣專業、有使命感、清廉自守，而又能以人格特質團結官民一起投入國家建設。

孫運璿的貢獻，當然也站在前人鋪奠的基礎上。他的「先驅」，首推尹仲容和李國鼎。

尹仲容民國三十八年來台灣，主持「台灣區生產管理委員會」，管理公營事業。後來還兼領中央信託局、經濟安定委員會、外匯貿易審議委員會、美援運用委員會和台灣銀行。尹仲容不嫌事多，只希望早日「結束台灣的赤貧年代」。

民國四十三年，尹仲容接任經濟部長，他管制日本布料進口，改進口棉花，扶植了國內紡織業的發展；放寬外匯管制、鼓勵出口，促進了國內初級工業產品的成長；同時，推動自由經濟，將水泥、紙業、農林、工礦四大產業，從國營體系中轉移到民間，為日後台灣經濟發展打下結實的民間基礎。

尹仲容終於在台灣戰後的瓦礫上創造了繁榮。但他太累了，民國五十二年累倒不起。

李國鼎接下棒子，愈跑愈快，他重視並引進科學技術，使他有「科技教父」的稱號，也使台灣創出「經濟奇蹟」，進入「亞洲四小龍」行列。但是他也太投入、太忙了，累出了心臟病。

這三個人主宰台灣財經半個世紀，為國家創造巨大財富，但個人人格上清清白白。五十年代，美援協助台灣建立ＰＶＣ塑膠工業，這塊肉太有營養了，政府中很多人認為應由國營，但尹仲容力主交由民營。據李國鼎後來的回憶，他們原屬意永豐餘系統的何義，但後因ＰＶＣ國際價格跌落，何義不願承辦。尹仲容就請台灣銀行查看何人在台銀存款最多，結果發現嘉義分行有位米商存款八百萬元，於是就「敦請」他來建廠。這人就是王永慶。尹仲容根本不知王永慶為何許人，若這項新興工業弄砸了，他要負擔多大的政治責任和輿論壓力。但為了台灣的發展，他認清目標，下了賭注。

同樣的，沒有李國鼎大概也就沒有張忠謀和曹興誠今天的事業，可是他手裡沒有半張台積電或聯電的股票。

孫運璿曾說，他和工商界有公誼，沒私交。

尹仲容是湖南人，李國鼎是南京人，孫運璿是山東人，他們沒有把「愛台灣」掛在口頭，但他們以一生的心血和汗水，灌溉出台灣的經濟花朵。

尹仲容、李國鼎、孫運璿都做過經濟部長，宗才怡也做過經濟部長。從識人、用人上，就可檢驗出領導人對國家和人民有多少責任心，以及他是以怎樣方式「愛台灣」的。

這位領導人愛台灣的方式，是什麼正事都不幹，只在口頭上要為台灣爭尊嚴，爭主體性，進而制憲建國。別說建國了，只一句廢國統綱領，就招來友邦厲聲斥責，引起國際一片質疑。他們干涉內政，我們龜縮無聲，這有什麼尊嚴，有什麼主體性？

當工商界哀告無門，當失業者前仆後繼的帶全家燒炭自盡，領導人沒有半句憐憫的話，也未提出任何補救的辦法，仍不斷的以政治語言逞一時之快。

如果多數人民贊成台灣獨立，並清楚了解且願意承擔一切後果，領導人自可謂被授權一試。要試，先要壯大台灣，富足台灣。富足了，對內，國家有力量，人民有信心；對外，國際看得起，天助自助者，友邦才有協助的可能。試看台灣自退出聯合國並與美國斷交以來，還能與世界各國維持聯繫者，哪一國不是由於貿易臍帶的連結？

十多年來，台灣經濟情況國人冷暖自知，現在還看不到一個使台灣的富足不繼續走下坡的人，若有一天台灣人民去外國做「台勞」了，則壯大與獨立，毛將焉附？

（二〇〇六年二月二十一日《聯合報》）

14 從馬戛爾尼到陳雲林

台灣也會成為一座「雄偉的廢墟」嗎？

幾年前，到承德訪「避暑山莊」。這座清代皇家別墅，面積廣袤，林木蒼鬱，庭園毗連，目不暇給。到了「萬樹園」，讓人特別流連，別有心境。它是當年乾隆皇帝接見英國特使馬戛爾尼的地方，因覲見禮儀的爭執，被後世史家形容為「中西第一次文化衝突」。

列強侵略中國，在東方是日本，在西方數英國。但英國欺凌中國是鴉片戰爭以後的事，至少在一七九三年派馬戛爾尼來華商談建交和貿易時，英國是循外交途徑，以平等之禮對待中國的。

馬戛爾尼有爵位，曾任駐俄公使和孟加拉總督，他攜英王喬治三世的國書，率九十人代表團，坐五艘大船，備六百箱禮物，以祝賀乾隆壽誕名義來華，足見英國對清朝之重視。

代表團於一七九三年八月抵達大沽口，旋被接待到避暑山莊，但覲見禮節發生問題。清廷視馬戛爾尼等為四夷之外的「英夷」，要行屬國使臣雙膝下跪叩頭的大禮。但馬戛爾尼只同意以對待英皇之禮對乾隆，行免冠屈一膝深鞠躬禮。乾隆不悅，認其「妄自驕矜」，則來華別有用心，雖在「萬樹園」勉予接見，但駁回英國所提建交和通商的一切要求。

馬戛爾尼敗興而返，循陸路到廣州坐船回國。一路上他們看到當時中國真正的情況，貧窮、落後、閉塞；他們對「天朝」從嚮往轉為蔑視。所謂康乾盛世，在馬戛爾尼的眼裡，「只是一座雄偉的廢墟」。

「歷史本身並不重演，但愚人重演歷史。」想不到在兩百一十五年之後，台北卻上演「新版馬戛爾尼事件」。大陸「特使」陳雲林來台商談擴大交流與貿易合作，跟馬英九總統見面時要怎樣稱呼，竟然成為台北的頭等大事，吵鬧了好一陣子，幾乎夭折了這次兩岸的歷史性接觸。

乾隆要馬戛爾尼磕頭，是自大，因為他和朝臣們都不知道外界的情形，還真以為中國是「世界的中心」，其他都是蠻夷；台北要陳雲林呼「總統」，是自卑，因為我們深悉這個世界是什麼樣子，提一個對方難以答應的條件，來掩飾自己力量之不足和信心的匱乏。

雖然陳雲林背後是十三億人，但這次他率團來台，不能說懷有什麼「陰謀」和「惡意」。他事先明言只談貿易，不涉政治。而在全球金融海嘯衝擊下的台灣，活絡經貿的「大三通」是雪中送炭。當年乾隆交馬戛爾尼帶給英王的敕書中說：「天朝物產豐盈，無所不有，原不藉外夷貨物以通有無。」台灣今天有能力、有勇氣說這樣的話嗎？

某些生活在台灣的人常以下列兩點理由敵視大陸：

第一、大陸壓縮台灣的國際空間。這話不假。但國際間講實力，萬國列邦在「台灣問題」上能與大陸站在「對立面」者不多。我們不與大陸溝通、商談，恐怕更無法拓寬國際空間。

第二、大陸以數百枚飛彈瞄準台灣。這也是事實。我們若不與大陸談判，說服大陸，先求「一中各表」、「互不否認」，就永無簽訂「兩岸和平協定」之可能。台灣對大陸的經濟依存度甚高，過去八年的「內耗空轉」，已使台灣的發展陷於困境，今後若再繼續「鎖國政策」，扼殺生產事業，會不會把寶島變成「廢墟」？

馬戛爾尼來華時的副手斯當東，把他十二歲的兒子也帶了來，乾隆很歡喜他，聖眷優隆。後來小斯當東當了下院議員，鴉片戰爭前夕討論是否向中國宣戰時，他投贊成票，理由是：「中國聽不懂自由貿易的語言，只聽得懂炮艦的語言。」台灣如選擇與大陸作戰，自然也會變成「廢墟」。

當一塊土地成為「廢墟」，它是否「雄偉」——前世是不是「亞洲四小龍」，還有什麼意義嗎？

台灣當然可以屹立於大陸之外，但那要靠實力，而實力來自努力，大家應停止內鬥，少逞口舌之快，捲起袖子，正心誠意幹點正經活。把台灣建設成一塊堅實的材料，那才是真正的「愛台灣」。

（二〇〇八年十一月二十日《聯合報》）

15 文化如不越界，飛彈就會過來

台灣民眾應注意大陸朝野對台灣和、戰態度的微妙轉變……

陳水扁總統日前堅定的說，在他任內絕不承認大陸學籍；如果承認了，台灣青年成群結隊到大陸讀書，台灣的學校還開不開？

阿扁的說詞恐非真正的原因，根據經驗，他心裡想的多半是力行「去中國化」，盡量不與大陸往來。這就叫人想起一句發人深省的話：「文化如果不能越過邊界，飛彈隨後就會跟著過來。」此言原非為兩岸而發，但用在兩岸倒也恰當。

最近默察海峽兩邊情勢，發現大陸從中南海到民間，對台灣的和、戰之間，有雖不明顯但有跡可循的有利轉變。台灣如何爭取和平，避免戰禍，當前也許是一個契機。

台灣的經濟繁榮，政治民主，本為大陸同胞所普遍認知。雖然「台式民主」有時流於打鬧，某些台商所表現的財富又往往是「暴發戶」的行徑。但是瑕不掩瑜，台灣在政、經兩方面的成就，仍然得到大陸同胞的好感與讚揚，只是礙於環境，他們並不經常表達和討論。但連戰和宋楚瑜訪問大陸之後，情況有點兒不一樣了。

國、共兩黨在大陸鬥爭數十年，又隔海對峙數十年，百年光陰轉眼過，中年以下的大陸民眾對國民黨不甚了了。現在國民黨主席忽然來到跟前，他們的好奇與興奮是可以想見的。連、宋分別在北大和清華演講，他們闡述中國傳統人本文化的真義，兩岸政府對國家的責任，以及在特殊環境下台灣人民的成就與企求。他們守住客人的分寸，有些話意在言外，但大陸民眾是聽得懂的。

不僅在演講內容，更重要的是，連、宋表現了民主社會政治家的謙和、自信與從容，這是大陸民眾過去所少見的。透過電視實況轉播，使萬千人為之傾倒。

大陸電視台現場直播連、宋演講，這叫人想起台灣當年直播「美麗島軍法大審」。此事對台灣民主化的推進作用，即使是國民黨的無心插柳，也深具意義。大陸這次敢於直播連宋講話，我們當然希望是深化改革開放的立意安排。如果真是，倒也看到些蛛絲馬跡。

九月三日紀念抗日勝利六十週年，胡錦濤聲明，承認國民政府軍隊在主戰場殺敵衛國的貢獻。這是共黨當局首次尊重了中國近代史。這應是兩岸大和解的開端，或者也是大陸趨向一個負責任、重現實政府的開端。

九月五日，溫家寶參加「中歐領導人高峰會」的記者會，強調大陸將繼續推行直接選舉的民主政治。大陸的直接選舉目前僅及於民選村長。溫家寶說：「如果中國人民能管好一個村子，我相信也能管好一個鎮。這個制度將循序漸進。」他們以何等速度「漸進」？現在不知道。但是他們如果沒心做，說了是找自己麻煩。

觀察這種微妙的變化，不能只注視中南海高層，更要普及到一般民眾。大陸網路上的言論尺度較寬，過去涉及到兩岸問題時，多是「憤青」們的喧叫之聲，現在則有很多人為台灣「美言」，希望珍惜台灣的民主制度，要求和平解決。

有人在網上寫了一份「萬言書」，問〈我們統一台灣什麼？〉，他認為要統一的不是島上的土地，不是人口，也不是財富，而是統一人心。既在人心，怎可動武？但有網友批評他天真，提醒他：外蒙古是怎麼失去的？

有人貼出文章誓言〈永遠不打內戰〉。如果與台灣同胞同室操戈，「我絕不參戰！」一位網友則問：「要是其他大國利用台灣對我們的國家實施戰爭，全體人民就要遭殃。若一定要有犧牲，十三億和兩千三百萬的數字，你會選擇哪一個？」

不管怎麼說，很多大陸人士對台灣懷有好感與善意。除非台灣分離中國，他們絕不願動武。雖然大陸的政體不同於台灣，很多事還是領導人說了算，但當全國多數人民一起向內戰喊「不」，很難說不會影響他們的政府。

當此時際，台灣要做的，是持續發展經濟、建設民主，加強與大陸民間的交流，爭取他們對台灣和平非戰立場的堅定支持。封關鎖國，是自我傷害。

「禍之來也，人自生之。福之來也，人自成之。」這是《淮南子》上的話，說得多透澈。

（二〇〇五年九月十五日《聯合報》）

16 「南京屠殺」與「和平七雄」

從兩本中國書在日本不同的遭遇，思考日本人為什麼看不起中國。

旅美華裔作家張純如女士的新著《被遺忘的大屠殺：一九三七南京浩劫》，日文版原訂本年二月二十五日出版。出版商「柏書房」受到日本右派的壓力，要求作者修改內容，為張純如拒絕，出書事遂告擱淺。

對「南京大屠殺」史實素有研究的中研院近史所研究員李恩涵先生認為，張純如書中所引用日本在南京殺了三十萬中國人的資料，都有憑有據。日本右派阻撓此書出版，實為「漂白日本」計畫的一環，為下世紀侵略鋪路。日本人這種態度，並不使我們意外。他們對侵略中國，在中國的種種暴行，從未認錯，更不用說懺悔。他們的教科書中仍然只是「進出」中國，內閣閣員仍然去參拜靖國神社，對中國人的感受不屑一顧。

日本人敢這樣，與中國人不爭氣自然有關。當年的蔣中正總統，希望戰敗的日本協助他「剿共」。不惜「以德報怨」。既未通過國會，也未訴諸全民，就放棄要求日本賠償了。今天，日本從廢墟中站起來，中國仍然分裂貧困；北京的江澤民主席，為了向日本多借點錢，在東京連大氣都不敢吭。蔣、江兩位也許是為了「國家大局」，只好「忍辱負重」；但是「中華民國在台灣」的李登輝總統，只不過因為青年時期的生活背景，大不了再加上想去東京訪問一次，竟然對日本示好到跡近諂媚的程度。有這些樣的「國家元首」，教日本人怎麼能看得起中國？

相對於《被遺忘的大屠殺》，另一本有關中國的書《和平七雄論》，在日本就幸運得多。這本書是王文山先生所著，主題是：中國太大了，大一統的中國不僅將為中國人自己製造災難，也將成為世界的亂源，應該把中國分成七個國家，藉此為「七中國」及全世界帶來和平。本書中文版一九九六年在台灣發行，日文版九七年由「文藝春秋社」出版。譯者深田祐介在序文中說：「首先向我推薦應該將本書譯成日文的是李登輝總統。一九九六年十二月我在台北覲見李總統時，他提起讀到一本有趣的書，書中談到要將中國分割成七個小國，見解精闢，令他感到相當敬佩。」

為了不忍讓中國沉淪，並變成世界的「負擔」，王文山先生似乎要告訴讀者，他是懷著一種「同情」的心情寫這本書。但是作者在字裡行間處處顯露的那種對中國、對中國人的鄙夷與敵視，使人又很難找到那樣的善意。

在書中，隨處都可見到這類的言詞：

「所謂的中國文化和人民，早就腐敗不堪。」

「這樣的社會，這種不改劣根性的民族。」

「中國不在未來三十年內分崩離析，搞得全世界雞犬不寧，已是違反常理了。」

「中國人在世人眼中，已成為『東方邪惡帝國』，而中國人也被視為渾身肌肉，帶著武器的邪惡小人。」

「如此一個國家，如此的一塊大地，如此一大群人民，難道可說不是人類的一大負擔？」

如果有人為這些話震驚，請稍候，再看看下面這一段：「中國人所追求的不外『三孔』主義。第一孔，錢孔，即孔方兄？……第二個孔是指色孔？……一旦有了錢孔，於是乎食色性也，就更追逐起美女來了？……第三孔指的是食孔，即嘴巴？……中國人人生目的，說穿了就是追求三孔的滿足。」

王先生把「中國人」的人生目的完全置於動物的層次。即使「中國人」真的這樣，人追求「三孔」的基本需要，也難謂有什麼不對。從河北、到雲南、到台灣的「中國人」，不都是這樣的嗎？美國人常以「美國夢」自豪，「美國夢」是什麼？人皆可有房子、有車子，可成家立業。缺哪一「孔」而仍能「圓夢」？

中國人有希望在台灣建立一個真正民主的政治體制，我們反對中共的獨裁，也不接受「一國兩制」；但是這些都與中國大陸的人民無關，他們並非自賤，而屬無辜，他們也盼望過著與我們同樣的民主生活。

正因為台灣有適當的民主，所以大家有政治信仰的自由，有人主張中國統一，有人主張台灣獨立，有人推動把台灣變成美國第五十一州，有人口中不說心裡實巴望台灣「回歸」日本。

不論個人主張和態度如何，也不管中國將來會變成什麼樣子，當我們在法理上或血緣上還是中國人的時候，總應對中國懷著一點親情，對某些中國人的不幸境遇存一點悲憫之心。至少至少，在「地球村」的意義下，不必對其他「同人」出之以嘲諷辱罵，來表現自己的「優越」。

日本人看不起中國，恐怕還不僅因為那些行為可議的領袖人物而已！

（一九九二年二月二十八日《聯合報》）

17 燃萁煮豆萁先盡

用豆萁煮豆子，豆萁當然先燒光。即使豆子煮熟了，也是別人大快朵頤。所以，煮豆燃豆萁，還不僅是同根相生的問題，更是利害與共的問題。

據河南省文物局日前宣布，在安陽縣安豐鄉發現了曹操的墓。

曹操於公元二二〇年卒於洛陽，一千多年來沒人知道他葬在哪裡。羅貫中在《三國演義》中把曹操形容為巨惡大奸，說他怕死後遭鞭屍，故有「七十二疑塚」之設。民間對此說法代代相傳，但歷史學家則存疑，因為從來沒有發現過「七十二疑塚」。

這次在安陽找到了曹操的墓，據媒體報導，有兩點證據可信其為真：其一、出土文物上，刻有「魏武王常用格虎大戟」「魏武王常用慰項石」等字樣；二、墓室出土三具骨架，一男二女，經鑑定男性約六十多歲，與曹操死亡年齡六十六歲頗為相合。

曹操是一個政治家，也是一個文學家，在他周圍集中很多智謀與文學之士。曹操所作慷慨悲涼，反映了那個喪亂的年代。像他的〈短歌行〉：「對酒當歌，人生幾何？譬如朝露，去日苦多。」一直為人吟詠到現在。

曹操有二十五個兒子，長子曹昂早年戰死，最有名的兩個是曹丕、曹植，都極有文學修養。曹丕雖隨父常在軍旅，然手不釋卷。他所著《典論．論文》到現在還是經典古籍，他寫的《燕歌行》是現存最早的七言詩。至於曹植，更是文采冠群儕。

當然，後世最為「膾炙人口」的還是丕、植兄弟之間〈七步詩〉的故事。曹植幼年聰慧，頗得曹操喜愛，有意傳位予他。某次曹操出征，丕、植並送路側，植發言有章，左右矚目，操亦高興；而丕悵然若失，不知所為，左右耳語曰：「流涕可也。」及辭，丕涕泣而拜，操及左右皆欷歔，以植詞多華麗而誠心不及丕，遂定丕繼位。公元二二〇年曹操死，曹丕為魏王，忌曹植之才，開始迫害他，貶為安鄉侯。等到逼漢獻帝禪位，自己做了皇帝，更想殺害曹植。據劉義慶《世說新語》記載：

文帝嘗令東阿王七步中作詩，不成者行大法。應聲便為詩曰：「煮豆持作羹，漉菽以為汁。萁在釜下燃，豆在釜中泣。本是同根生，相煎何太急？」帝深有慚色。

《世說新語》所述各事，多屬可信，而劉義慶只晚於曹植二一一年，去魏不遠，其說必有所本。唯謂「帝深有慚色」，似不無可斟酌之處。

爭權奪利等同慢性自殺

蓋曹丕胸懷狹窄，記小事，報私仇，缺乏政治家風度，戕害許多他父親留下有功勛的舊人。茲舉一個顯著的例子：左將軍于禁兵敗投降關羽。孫權取荊州，遣于禁還魏。禁衰老憔悴，見丕，泣涕頓首。丕安慰他，拜安遠將軍，令謁曹操高靈，但事先又著人畫了關羽戰勝、于禁伏降之狀於靈屋。于禁見了，羞愧發病而死。宋代司馬光評論說：「廢之可也，殺之可也，乃畫靈屋以辱之，斯為不君矣！」意為不夠資格做皇帝。

像曹丕這樣的個性，怎麼讀了〈七步詩〉會「深有慚色」呢？事實上，他終身未用曹植，曹植想放棄皇家身分，參與一般人的考試進用，他都不准。曹植許多朋友都很有才華，如果曹丕能用他，對朝政應該有所幫助。曹植一生不得志，抑鬱以終，只活了四十一歲。而魏王朝的幾任皇帝，都無力處理內鬥問題，只傳了短短四十九年，就為司馬昭所奪。

用豆萁煮豆子，豆萁當然先燒光。即使豆子煮熟了，也是別人大快朵頤。所以，煮豆燃豆萁，還不僅是同根相生的問題，更是利害與共的問題。但是後人哀之而不鑑之。如今，一個團體，一個政黨，一個政府，甚至一個國家，有多少煮豆燃萁之事？而豆萁均不自覺，更無遠見，仍然為一點私利、小利拚個你死我活。哀哉！

（二〇一〇年二月號《遠見雜誌》第二八四期）

18 英雄何為競折腰？

他們心裡除了江山，還有否江山上的百姓？

國民黨主席吳伯雄二〇〇八年訪大陸，五月二十八日會共產黨總書記胡錦濤，兩人在人民大會堂「江山如此多嬌」的巨幅畫前合影。照片在台灣報紙刊出，引發一些聯想。

「江山如此多嬌」是毛澤東的詞〈沁園春・雪〉裡的一句。這首詞寫於一九三六年，一九四五年八月毛應蔣介石之邀到重慶與國民黨進行和平談判，他把這首舊作抄給詩人柳亞子，經報界公開。

詞的上半闋描寫雪景的壯麗，下半闋話鋒一轉：「江山如此多嬌，引無數英雄競折腰。惜秦皇漢武，略輸文采，唐宗宋祖，稍遜風騷。一代天驕，成吉思汗，只識彎弓射大鵰。俱往矣，數風流人物，還看今朝。」

詞一公布，爭議立起。譽之者讚其雄渾豪放，可直追蘇、辛；毀之者則斥其狂妄自誇，滿腦子稱王稱霸。不管怎樣，一時間滿街爭唱〈沁園春〉，倒也是戰時陪都難得一見的文化盛景。

據說蔣介石讀了詞，就認為毛澤東有帝王思想。其實不僅是蔣介石，文化界持這種看法的也不乏其人。

一九九五年「傅斯年先生百齡紀念籌備會」印行一冊《傅斯年文物資料選輯》，在「友人書信選」這部分，選了三十八個人的每人一封信。《大公報》負責人王芸生把毛的〈沁園春〉抄給傅斯年，並附一短柬：「孟真先生：日前之晤，承問笑話，忘記談一事，即毛澤東近作之〈沁園春〉。特另紙錄陳，以見其人滿腦子什麼思想也。」就信中所言，王芸生似乎把毛的「力作」看成了笑話。

另據大陸作家謝泳引用《新文學史料》所載吳組緗的日記：「昨日《大公報》轉載毛澤東填詞〈沁園春〉一首，毛主一切為大眾，卻作這樣的詞。毛反對個人主義，而詞中充滿舊的個人主義之氣息。看他與秦皇漢武唐宗宋祖這些霸主比高下，流露躊躇滿志之意。說山河壯麗，所以古今英雄都要爭霸、逐鹿，他亦自居於此類英雄之一。這些氣味，使我極感不快。」吳組緗出身清華，曾受「五四」民主與科學的新文化孕育，宜乎與毛的脾胃不相投了。

毛後來有辯解，認為外界對〈沁園春〉的批評都錯了。詞的最後三句，「俱往矣，數風流人物，還看今朝。」指的是無產階級。對照毛澤東在大陸建國後種種「政績」，這話應是欺人之言，因為他心中根本沒有人民，遑論無產階級。

共產黨人「反帝王思想」的，彭德懷算是一個。他解散軍中文工團，不讓那些女孩子陪高官跳舞。他憤然說：「共產黨人不是皇帝，不能搞三宮六院。」愛擁年輕女孩跳舞的，沒有比毛的「官」更「高」的了。

彭德懷心裡也還有人民。廬山會議，他為嗷嗷待哺的老百姓頂撞毛澤東，結果被毛整得活活餓死。

毛本有歷史機會，超越秦皇漢武唐宗宋祖的成就，結果他倒行逆施，死人無算，成了中國的禍害。這樣的人，詞章的文采再好，有何意義？

秦始皇大排場出巡，項羽見了說「彼可取而代之」；劉邦見了說「大丈夫當如是也」。劉、項都是鄉下人，根本沒見過什麼「江山」，更不知它有何「多嬌」，但富貴與權力是「江山」的面相，就爭先恐後的「競折腰」了。至於「江山」上的黔首百姓，無產階級，貧下中農，有誰管得？

現在民主選舉了，折腰者如不心存百姓，百姓就只讓他幹四年、幹八年。「時代進步」了，也只「進步」這麼一點點。至於換一個人來會怎樣？誰也不敢說。考諸歷史，似乎還沒人說準過。

（二〇〇八年六月十二日《聯合報》）

19 真能「相逢一笑泯恩仇」？

魯迅到齋藤，廖承志到蔣經國，八十年間多少事。

文學永恆，政治虛幻，文學家往往低眼看政客。但文學有時卻藉助政治力量，得以廣為傳誦。

譬如，「度盡劫波兄弟在，相逢一笑泯恩仇」，不過是魯迅記事詩中的兩句，本未必有多少人知道，但一經廖承志引用到給蔣經國的信中，立即在兩岸成為經典名句。

一九八二年七月，蔣經國在悼念父親老蔣總統的文章中寫到：「切望父靈能回到家園與先人同在。」對岸「對台小組」副組長廖承志馬上寫信來：「人到高年，愈加懷舊，如弟方便，余當束裝就道，前往台北探望，並面聆諸長輩教益。『度盡劫波兄弟在，相逢一笑泯恩仇』。遙望南天，不禁神馳。」廖承志的父親廖仲愷，與蔣介石一同追隨國父革命，雙方本有通家之好。廖承志攀世交，稱蔣經國為弟。

緣於日本在華醫師西村真琴，一九三二年「一・二八」戰役後在上海閘北區三義里救出一隻鴿子，攜回日本飼養，後鴿死，西村建「三義塔」以葬之，並向友人徵求題詠。曾留學日本的魯迅，一九三三年以〈題三義塔〉詩報之：

奔霆飛焰殲人子，
敗井頹垣剩餓鳩
偶值大心離火宅，
終遺高塔念瀛洲
精禽夢覺仍銜石，
鬥士誠堅共抗流
度盡劫波兄弟在，
相逢一笑泯恩仇

「劫波」是梵語，印度神話中稱一晝夜為一個劫波，相當於人間四十三億三千兩百萬年。

魯迅於一九三六年逝世，一九三七年日本發動全面侵華戰爭，中國人所受的苦難與犧牲，為人類歷史所少見。抗戰勝利，南京的國民政府以及中共建國後的北京政府，先後各與日本簽訂和約，受限於國際環境，都未要求賠償。而日本藉美國之助迅速復興，對中國不僅沒有善意的回報，且從未為挑起戰爭認真道歉，否認南京大屠殺，竄改教科書，侵占釣魚台，首相參拜靖國神社，不對慰安婦給予賠償。

不僅此也，日本尤念念不忘台灣這塊「領土」，除利用親日的舊時皇民，三不五時稱頌日本五十年的「德政」外，更不放棄任何機會貶抑中華民國對台灣的主權。日本駐台代表齋藤正樹，不久前公開重提「台灣地位未定論」，外交部抗議，外長歐鴻鍊拒不接見，齋藤後求見國安會祕書長蘇起，又終於隨同訪華的前眾議員玉澤德一郎到總統府見了馬英九總統。但那又怎樣呢？他們能「相逢一笑泯恩仇」嗎？

從魯迅到西村，從蘇起到齋藤，將近八十年歲月過去了。南京政府的中國陷於戰後的疲困固無論矣，北京政府的中國雖說「大國崛起」，但較諸日本仍屬落後。國交的平等，建立在實力的平等上。兩岸中國人如果爭氣，都應早明此義。

日本從未「認罪」，所以無從「協商」。「相逢一笑泯恩仇」云云，教中國人怎麼「笑」得出來？

不要說中日之間，就是兩岸之間，蔣經國當年就沒給廖承志回信，現在雙方雖然交往日趨頻繁，但對抗未解，隔閡仍在，能否「一笑泯恩仇」，還要看笑臉背後有多少真誠吧！

（二〇〇九年八月十三日《聯合報》）

20 獅，醒了；龍，怎樣了？

國家建設靠「運行」，不靠「運動」。

訪問歐洲的大陸國家主席習近平，三月二十七日來到法國。法國著名人物拿破崙說過：「中國是一頭沉睡的獅子，當這頭睡獅醒來時，世界都會為之發抖。」習近平重述了拿破崙的話，然後向法國及全世界宣布：「這頭睡獅已經醒了！」不過他解釋，這將是一隻「和平、可親、文明的獅子」。

習近平這句「睡獅已醒」，未嘗不可看做「獅子吼」。自鴉片戰爭以降，中國向列強割地賠款，屈辱已久。不管你歡喜不歡喜共產黨，對大陸的制度有多少意見，凡自認華人者，對習這句話，應都感安慰，都感「與有榮焉」。

大陸自改革開放以來，有驚天動地的變化，總體經濟趕德超日緊隨美國成世界第二大。大陸如無此實力，習近平應不敢說睡獅已醒；如果醒了不久又要睡了，習也應該沒有信心講這句話。至於這頭獅子是否「和平、可親、文明」，那就有待將來驗證。

龍虎獅豹這幾類雄壯有力的動物，常被人相提並論。如果大陸這頭睡獅已醒，那麼曾為「亞洲四小龍」之一的台灣這條龍，現在怎樣？

國民政府於一九四九年自大陸敗退台灣，風雨飄搖，危疑震撼，以後又歷經不少內憂外患，都賴大家同舟一命的共識，穩定局面，戮力建設，乃成就了亞洲四小龍的地位，且被公認是領頭龍。

但後人乘涼之餘，不知道也不珍惜前人種樹的作始之艱，台灣有了內鬥，有了懈怠，也有了對國家政策和人民精神的故意破壞。建設如逆水行舟，不進則退矣！

遠在二〇〇一年十一月二十一日，曾任經建會主委的江丙坤就曾警告：如果台灣再不覺悟和努力，將與菲律賓沒有兩樣，台灣民眾要到大陸或其他國家做「台勞」。

江丙坤是危言聳聽嗎？十三年之後，今年的二月十九日，國發會主委管中閔說，四小龍已成過去式，台灣經濟發展已被新加坡、南韓和香港超越，亞洲四小龍早就沒了。台灣數十年的努力，前人兩三代的血汗，就這樣「沒了」。管中閔如此嚴肅沉痛的話，好像沒有引起社會多少注意。這樣的心態，教人驚悚。他的話是言而有徵的。博鰲論壇不久前公布「亞洲競爭力二〇一四年度報告」，星、韓高居前兩名，台灣連三年下滑。在國際間，瑞士洛桑管理學院歷年所做的國家競爭力評比，向受各方重視，台灣排名也是連三年下滑。一葉知秋，何況已落了兩片葉子。

兩葉仍不知秋，反而是一場霸占立法院和攻進行政院的反服貿學潮。誠然，也許要怪政府事先沒有把服貿內容講清楚，但學運起後，官商學各方，都對服貿有了詳細解釋。歸總來說：不簽服貿，影響與他國簽自由貿易協定，在世界經貿競逐場上，台灣將被邊緣化。

有些人，包括學生在內，擔心台灣在經濟上依賴大陸過甚，將來可能被大陸「吃掉」。這種憂患意識並非完全無的放矢。問題是，在全球化的今天，台灣絕無鎖國的本錢。重要的是我們藉機吸取外來養分，使自己身強力壯，可面對各種衝擊，這才是硬道理。

國家建設靠「運行」，不靠「運動」，不管是哪一種運動。

（二〇一四年四月十日《聯合報》）

21 當大陸檢閱「學者方隊」

前代的大師級學人已「傷亡殆盡」有待補充。

二〇〇九年十月一日，大陸慶祝建國六十年，在天安門廣場大閱兵。飛彈強，方隊壯，軍容及軍備舉世震懾。

別責備那些對此「引以為傲」的海內外華人「短視」。為雪百年國恥，幾代中國人嚮往和追求「船堅砲利」。如果沒有「兩彈一星」的後盾，大陸僅憑每年「保八」就敢說「崛起」？歐美國家就會對它改容相向？

然而，歷史早已檢驗證明，可大可久的強國基礎，在文化，不在武力。

中央研究院院士王賡武年前接受大陸雜誌訪問時，直言中國太大，不能走德國、日本民族國家的道路，那會使人怕。中國要追求文化、文明，使人敬。作家龍應台抗議大陸箝制言論自由，給胡錦濤寫公開信〈請用文明說服我〉。「十・一」前後，大陸也出現這類文章，認為「文化繁榮才能稱國家興旺」。

文化一詞難言哉！但學者——尤其大師級學者——群落的形成與影響，應是文化的核心內涵。一九四九年國民政府倉皇辭廟，雖「搶救」一部分學者到台灣，但大批學者選擇留在大陸。這些飽受八年離亂之苦的書生們，一方面不願再度流亡，另一方面覺得改朝換代而已，帝力進不了書齋。他們怎能想到，來日竟是天崩地裂的大災難。

從反右到文革，學術文化界人士，受不了精神和肉體折磨而上吊、投河或絕食自殺者，是一大串傷心慘目的名單，大家較為熟悉的就有熊十力、翦伯贊、鄧拓、傅雷、老舍、儲安平、范長江、馬連良、言慧珠、舒繡文等，自裁者，至少有七十餘人。至於受迫害而羞、憤、抑鬱以歿的，就更不知凡幾，如張東蓀、李達、楊端六、田漢、焦菊隱等人。陳寅恪雖隱於南方的中山大學，且已久病成殘，仍無所逃於文革的磨難。他躺在床上奄奄一息，還被迫向當權者做「口頭交代」。馮友蘭諂媚江青以自保，錢鍾書譯《毛選》，沈從文鑽考古，皆「苟全性命於亂世」耳。

自冰心一九九〇年以九十九歲辭世，巴金二〇〇五年以一〇一歲西歸，國民政府留下的重量級學者已「傷亡殆盡」。學術前排席位上，似乎還找不到像從前那樣的大知識份子。

神州大地的土壤，這一甲子怎麼貧瘠若此？無他，缺少陳寅恪所說的「獨立的精神，自由的思想」而已。教育是學術的血脈，大陸今天的大學，黨委書記仍在校長之上，雖北大亦不例外。

想當年北大校長蔡元培，堅持「學術獨立，講學自由，兼容並蓄，教授治校」，為中國的大學樹立標準。杜威一九一九年來華講學兩年多，臨別評論蔡元培：較之牛津、哈佛、柏林等大學校長，蔡的專業學養可能不如，但以一人影響一個大學、一個社會和國家，則蔡居第一。當今天大學裡自由講學和報紙上自由言論都還受限制的時候，大陸就很難出現影響一校、一國的大師級學人，於是文化、文明也就很難快速提升。

平心而論，大陸「改革開放」的步伐不可謂不快，一個龐然大國的轉向也必須有較寬裕的時間，這些都應給予了解之同情；但時不待人，總希望它早日完成現代化，至少是「文武兼資」。十年、二十年後，國慶不必閱兵，它向世人展現的「學者方隊」

中，有像蔡元培、胡適那樣宏大的身影。

（二〇〇九年十月十五日《聯合報》）

22 留取韓彭守四方

從方勵之事建議大陸讓流亡知識份子回家。

大陸著名天體物理學家方勵之教授，二〇一二年在美國病逝，台灣「天下文化」出版《方勵之自傳》，來紀念這位有「中國沙卡洛夫」之稱的民主鬥士。

一九八九年六月四日北京發生「天安門事件」，大批青年學生犧牲，舉世震驚。事發前當局一再聲言，學生背後有「黑手」操縱。所謂「黑手」者，方勵之是主嫌。事變既起，公安部門廣捕異議份子，方氏夫婦迫於形勢，進入美國大使館避難。歷時一年，一九九〇年六月在大陸默許下，飛到英國，半年後轉往美國，一方面在大學教授物理，一方面也繼續關切大陸民主與人權的狀況。

方勵之幽居美國大使館，一九八九年六月十一日在日記中寫道：「中國尚未有自然科學家為民主而犧牲，有則自我們始。」「我們」，指的是他和夫人李淑嫻教授。

這使我想到譚嗣同。「戊戌變法」失敗後，他本來可以和康梁一樣逃往國外的，但他選擇留下。他說：「各國變法無不從流血而成，今日中國未聞有因變法而流血者，此國之所以不易也。有之，則自嗣同始。」

在方教授寫下上述那段日記的前些天，五月六日，我代表台灣《聯合報》從紐約到北京訪問他。那時學生正向天安門集結，方教授已被當局監視，對這位中國民主先驅的人身安危，舉世矚目。我問他，如果一開始他就像其他人一樣，獨善其身過自己的日子，可能嗎？他說，很難。因為他不能接受馬克斯思想可以指導他研究物理。共產黨的主義和制度禁錮了每一個人，這就使他終生奮力獻身，想為中國找一條新出路。

以後他在北京家中、在美國大使館、在英國、美國和台灣，我都曾電話或當面訪問過他。他對中國的民主化一直保持樂觀的信心。他說：「民主是歷史的潮流，社會必定要走向發達之路，而發達的社會沒有民主是絕對不可能的。」造次必如是，顛沛必如是，此之謂大丈夫。

譚嗣同就義時中國還是一個專制王朝，但他的犧牲為後人換來一個共和國家。被中共放逐國外終於身歿異鄉的方勵之，是另一種形式的犧牲，相信他換來的早晚將是一個民主中國。

美國生活安定，且有充分自由的學術研究環境，但「雖信美而非吾土」，方勵之願回大陸，曾向北京試探而未獲回應。他只能盼望，有一天大陸充分的「改革開放」了，不再「禁止中國人回中國」。但他沒有等到。

沒有等到這一天的，豈只方勵之一人？「六四」之後流亡美國以《人妖之間》一書著名的資深記者劉賓雁，早在二〇〇五年就因癌症逝世。

原任社科院政治研究所所長嚴家其、趙紫陽重要幕僚主持國務院經濟體改所的陳一諮、四通公司總裁萬潤南、寫《河殤》的蘇曉康等等，在美生活均甚寥落，也有體弱多病者申請返國治病，都未獲准。

至於當年廣場上的學生領袖，如李祿、柴玲、王丹、封從德這些人，逃脫大陸緝捕，到了美國，多就讀名校，現在都各有自己一片事業天地。

但是，無論師長輩的嚴家其等人，還是學生輩的李祿等人，都是國家菁英，但在異邦他鄉，或長才難展，或楚材晉用，說起來都是中國的損失。大陸為什麼不讓他們回國呢？新一屆的習近平政府，提出不少新觀念、新做法，外界對他們有很多期待，他們何不改變政策，讓「六四」流亡者回家？這樣一方面可把他們的力量貢獻在自己生長的土地上，另外也可藉此改善北京在國際間的人權形象。

大陸正在「大國崛起」，在在需要人才，除了派遣留學生，也向國外徵才，這就叫人想起一則歷史故事：劉邦取得天下，衣錦還鄉，擺酒招待鄉親父老。酒酣耳熱，自己擊筑而歌：「大風起兮雲飛揚，威加海內兮歸故鄉，安得猛士兮守四方？」唱著唱著竟哭了起來。《史記》這段記載，頗叫人動容。但清代詩人黃任投了不信任票，他寫了一首題曰《彭城道中》的詩：「天子依然歸故鄉，大風歌罷轉蒼茫；當時何不憐功狗，留取韓彭守四方。」既然需要守四方的猛士，那為什還要殺韓信和彭越呢？這不是太矛盾了嗎？

（二〇一四年四月十七日《人間福報》）

後記

「感時篇」的最後一篇：告別讀者

苟有主張，悉出誠意；錯謬定多，欺罔幸免。——張季鸞

張作錦

「感時篇」專欄結束，今天刊出最後一篇，敬向讀者告別。

這個專欄始於一九八七年。二十七年來，世界、台灣、兩岸，浪起波湧多少事，但躲在報紙一角小小的一片文字，誰知能否取一瓢飲？

一九八三年筆者被派到紐約《聯合報》系的《世界日報》工作，但身在域外，心

懷故土，對台灣的風吹草動都很牽掛，忍不住寫些文章，提點意見，分刊於新聞版和副刊，後經當時聯副主編詩人瘂弦的安排，以「感時篇」之名統一於副刊版面。我一九九〇年調回台灣後，繼續執筆。先是每週一篇，近幾年改為每兩週一篇。「感時」開篇時，聯副已另有兩專欄，彭歌的「三三草」和張繼高的「未名集」。兩位都是名家，崔顥題詩在上頭，真叫後來者忐忑難安。

台灣雖曾連年有兩位數的經濟成長，躋身「亞洲四小龍」，民主化進展快迅，但還是沒走出偏安王朝的歷史舊路——強敵壓境，而內鬥不歇。

清朝末季，外患此去彼來，主持「洋務運動」的李鴻章，提出他的救國方針：外需和戎，內需變法。和戎，與外國和平相處；變法，要努力革新自強。今天台灣的局面不也是這樣嗎？我們要和大陸和平交流，打仗就是玉石俱焚；我們自身則要戮力建設，以實力爭取國家的未來。這些年我的專欄小文，大致不離這兩條主線。

台灣實行政黨政治，但弊病不少，我寫〈「政黨政治」與「我黨政治」〉，「政黨」尚或可能心存國家社會，「我黨」必然只是一黨之私。我又寫〈政客收買選票，百姓零售國家〉，警告選民貪圖政黨放送「社會福利」和亂開空頭支票的危險。我體認到台灣社會對政黨輪流執政還不太適應，呼籲人民「要把政黨輪替養成習慣」。

台灣最引以為傲的是我們的自由開放，但自由顯然已被揮霍濫用。我認定〈自由而無秩序，終將失去自由〉，也指出〈沒有道德的自由社會從未存在過〉，希望國人警覺。

不錯，台灣是民主了，但民主的品質如何恐怕還要接受檢驗，我寫〈有民主之人，才有民主之國〉，大家要反躬自省自己的民主素養。而且，有民主若無建設，國家不會前進，所以我說〈民主並不能保障國家不走向衰亡〉。我祝望台灣不能是「短暫的富裕」。

民主的精神面貌，國家的實體進步，都靠法律維護和推動，而法律出自立法院。我們立法院之醜陋不堪，以及對國家發展的阻礙與戕害，國人盡知。我問〈怎樣搶救立法院？〉答案有，但誰能做到呢？

兩岸關係複雜，端賴時間解決，有些專事挑撥、想火中取栗者的態度，叫人憂心。二〇〇三年十一月三日國防部副部長陳肇敏在立法院說，「台灣獨立，中共一定動武」。若開戰，「國防部戰耗動員為十二萬八千人」。所謂「戰耗動員」，就是我軍第一波傷亡人數。

當時陳水扁總統正規劃二〇〇六年制定新憲，二〇〇八年建立新國家。那麼〇六到○八年之間要不要打仗？我在專欄裡問：〈誰家的孩子在攻台第一波傷亡名單上？〉這篇文字有不少讀者反應，足證很多人不願兩岸以戰爭解決問題。一位讀者更把文章自費影印一千份，分送各方，希望為阻止殺戮盡一點力。

台灣近年流行檢驗別人是否「愛台灣」，且常以出生地為判斷依據。自明朝以降，西方傳教士來華，有些人力行「華化」，忠貞不二的替中國人服務，我舉了些例子，問道：「誰說人只愛自己出生的地方？」我並引申以談「愛國與憂國」，我的結論是：心中若無國家，憂國是妄言，愛國是謊言。

我是職業新聞記者，自然會談本行本業的事。我寫過〈新聞「製造工業」仍未夕陽〉，也寫過〈媒體應擺脫政治附庸地位〉。於役新聞界數十年，內心的無奈與倉皇，盡在這兩題中。

提起新聞界，像其他行業一樣，自亦有典範人物，譬如當年《大公報》的張季鸞。他為《大公報》所訂「不黨、不賣、不私、不盲」的四不，是報界永遠的碑石。他曾在文章中強調，他個人及同僚「雖技能有限，幸品行無虧」。又說，「苟有主張，悉出誠意；錯謬定多，欺罔幸免。」張氏的文采與事功，令人高山仰止，但他著文「悉出誠意」和「欺罔幸免」的篤實與嚴謹，後人還是可以學習與追求的。

寫這個專欄，結識很多讀者朋友，他們給我的指正，我敬謹接受；他們給我的鼓勵，我永銘在心。台灣處境艱難，國人望治心切，而筆者力薄能鮮，專欄雖云「感時」，但文章未能「濟世」，辜負了讀者的期許。

長亭外，古道邊。耕耘小小一方土地二十七年的老農，此刻放下鋤頭，走過田梗，然猶屢屢回頭張望也。

社會人文 BGB398A

誰說民主不亡國

國家圖書館出版品預行編目（CIP）資料

誰說民主不亡國 / 張作錦著 -- 第一版 . --
臺北市 : 遠見天下文化 , 2015.05
面； 公分 . --（社會人文 ; BGB398）

ISBN 978-986-320-744-3（精裝）

1. 時事評論 2. 言論集

078　　104008798

作者——張作錦

事業群發行人／CEO／總編輯——王力行
資深行政副總編輯——吳佩穎
責任編輯——吳毓珍
封面設計——黃慧文

出版者——遠見天下文化出版股份有限公司
創辦人——高希均、王力行
遠見・天下文化・事業群　董事長——高希均
事業群發行人／CEO——王力行
天下文化社長／總經理——林天來
國際事務開發部兼版權中心總監——潘欣
法律顧問——理律法律事務所陳長文律師
著作權顧問——魏啟翔律師
地址——台北市 104 松江路 93 巷 1 號 2 樓

讀者服務專線——02-2662-0012
傳真——02-2662-0007；02-2662-0009
電子信箱——cwpc@cwgv.com.tw
直接郵撥帳號——1326703-6 號　遠見天下文化出版股份有限公司

電腦排版——中原造像股份有限公司
製版廠——中原造像股份有限公司
印刷廠——中康彩色印刷事業股份有限公司
裝訂廠——精益裝訂股份有限公司
登記證——局版台業字第 2517 號
總經銷——大和書報圖書股份有限公司 電話／(02)8990-2588
出版日期——2019/10/10 第二版第一次印行

定價 — NT$500
4713510946510(精裝)
書號 — BGB398A
天下文化官網 — bookzone.cwgv.com.tw

天下文化
BELIEVE IN READING